伝説の外資トップが説く

勝ち残る経営の本質

新 将命

SOGO HOREI PUBLISHING CO., LTD

まえがき

本書はこれからの時代に「勝ち残る」企業をいかに創っていくかをテーマにしています。「生き残る」ではなく、「勝ち残る」としているのがポイントです。

現在の経済状況を見れば、「生き残る」だけで精一杯であり、そのためのアドバイスが欲しいというのが経営者の偽らざる本音でしょう。

しかし、いきなり結論から述べさせていただきますが、「日本の将来は暗い。だが、企業が勝ち残る道は必ずある」と私は考えています。

日本の将来が暗いと考える理由は至極簡単で、少子高齢化が進むからです。

次ページの図1をご覧ください。

2005年における日本の総人口は1億2770万人でした。そして、この中で65歳以上の高齢者は2576万人（20・2％）います。これが2030年には3667万人（31・8％）、2055年には3646万人（40・5％）になると予測されます。

ありとあらゆる統計の中で、人口統計ほど正確なものはないと言われています。総人口が減った中で高齢者が実数でも比年でも増えるということは、国力が衰えるということを意味しま

■図１　日本の少子高齢化

総人口に占める65歳以上人口の割合（高齢化率）

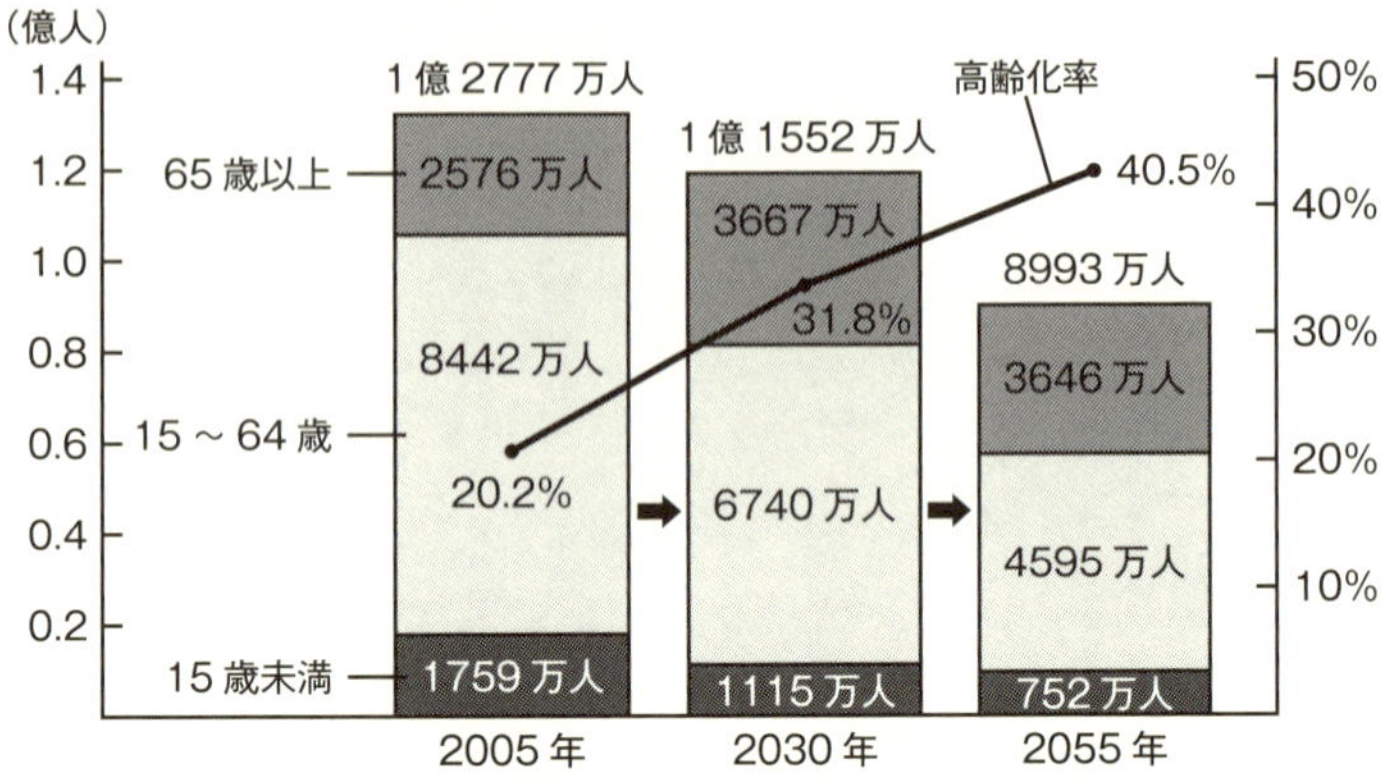

出所：国立社会保障・人口問題研究所「日本の将来推計人口」2012年1月推計

す。20・２％から40・５％に増えるということは、かつての高度経済成長時代に当時の池田内閣が唱えた「所得倍増」とは反対の「高齢者倍増」を意味します。

このような状況下では、大幅な移民政策でも採らないかぎり、マクロに、かつ中期的に見れば、日本経済には期待が持てません。現に１９９０年には世界全体に対して15％を占めていた日本のＧＤＰは２０１０年には８・５％まで落ち込み、２０５０年には２％にまで低落するという予測すらあります。２％ということは、世界の人々から見れば、「ジャパン・ナッシング」（日本、取るに足らず）程度の存在感しかないということです。その一方で、ＢＲＩＣｓ（ブラジル、ロシア、インド、中国）をはじめとする新興国集団が日本を追い上げて、すでに部分的には追い越しています。日本は追う立場から完全に追われる立場に変わっているのです。

以上がマクロの暗い展望です。要は、日本という国は少なくとも経済の面だけに限定して言えば、相対的に「負け組」にならざるを得ない運命にあるということです。

では、マクロ展望が暗い（グルーミー）な中で、経営者はどうしたらいいのか？　マクロが暗ければミクロを明るくすればいいのです。ミクロとは「日本」という総論ではなく、「わが社」という各論で考えるということです。総論は学者や評論家という口説の徒に任せておけばよい。経営者はあくまでも各論で考えるべきです。

では、そのためには何を考えて、何を行ったらいいか？

私は少子高齢化とグローバル化の荒波が押し寄せてくる中で、経営者が自分の会社を「勝ち組」にするために重要なポイントがあると信じています。それが次の3つの「化」です。

1　差別化

私が言いたいのは、「よそさんと同じことをしていたら、よそさんと同じくらいの結果しか出ない」ということです。

商品、サービス、技術、販売力、技術、ブランドイメージなど、何でもよい。何らかの面で他社と比べて「一味違う」という強みや差別化のない会社が長続きするハズはありません。強みがない会社は弱い会社という、単純な理屈です。

コモディティ（commodity）という言葉があります。「取り立てて差別化のない最寄品」というくらいの意味です。差別化がないということは、消費者にとって容易に代替可能ということです。会社はコモディティ企業であってはなりません。何らかの差別化を扱う差別化企業でなければ21世紀を生きていくことは不可能です。

2　変化

「大きい者、賢い者が生き残るのではない。変化に迅速に対応できる者が生き残るのだ」。本文の中にも登場しますが、これはチャールズ・ダーウィンの言葉です。もし大きい者が生き残るとすれば、昨今のGM（ゼネラルモーターズ）、日本航空、イーストマン・コダックの破綻をどう説明できるのか。これらの企業に共通する点は1つ。変化に迅速に対応できなかったということです。

3　グローバル化（海外展開）

すでに多くの企業が経営の軸足を海外に移しています。国内需要に期待が持てないなら海外に、という単純ですが正しい理由です。大企業のみならず、中小企業の場合でも、販売面はもちろんその他の面で、「わが社の市場は日本だけではない、世界が市場である」という心の持ち方が経営者には必要となります。まるでドメスティック（国内のみ）ではまるでダメなのです。これを〝マルドメではマルダメ！〟と言います。

「わが社にとっての差別化、わが社にとっての変化、わが社にとってのグローバル化」。あくまでも「わが社」というミクロの各論に落とし込んで、これらの3つの「化」に取り組む。これが勝ち残る企業の要諦です。

本書ではこの「3化」に加え、経営者が取り組むべき経営の本質とも言うべき、いくつかの「原理原則」について、明日からの、いや今日からの経営に役立つように、わかりやすく具体的に説明したいと思います。

全体を通じ特に意識したのは、「右手に論理、左手に心」という考え方です。

経営の中核は論理と数字です。しかし、この2つを効果的に駆使して結果を出すためには、経営者の思いとか理念といった心が肝要です。いずれかが欠けていても経営のバランスはとれません。〝欠陥経営〟となります。

「理論とは何か、心とは何か」をこの本から学び尽くしていただいた瞬間から、あなたの会社は「勝ち組企業」に向かって力強く歩みを進め始めることになるのです。

目次

第2章　勝ち残る企業になるための勘所

第3章　勝ち残る企業になるための心の持ち方

第4章 「自分育て・人育て」の原理原則

第5章 〝朗働環境〟づくりの原理原則

第6章 勝ち残る企業のグローバル化への対応

装丁 小松 学（エヌワイアソシエイツ）
本文組版&図表作成 横内俊彦

序章

勝ち残る経営の原理原則

社長の最大の仕事は〝自分の会社を勝ち残る企業に育て上げる〟こと

❖ 私の立てた目標

この本のテーマである「勝ち残る企業創り」について述べる前に、しばらく「私創り」についてお付き合いください。あまりお手間は取らせません。

私は32歳のときに1つの目標を立てました。それは「45歳までに企業のトップになる」というものです。どうせ自分の意志で企業人として働くことを選んだのなら、「鶏頭たらんとも牛後になるなかれ」で、〝頭〟、つまりトップになりたいと思ったのです。

社長ではなくトップとしたのにはワケがあります。外資系企業の場合、日本人社員を社長にしないという原則や不文律の会社もありますし、仮に社長と呼ばれる立場に就いたところで実権がないということもよくあります。実際、世の中には「肩書あれど権限なし」という〝名ばかり〟社長がゴマンといます。そんな社長では意味がない。そこで、社長という名目よりも実質的な責任と権限を持つトップになりたいと若者らしい理屈を考えたのです。

なぜ45歳かというと、私なりのもう1つの理屈がありました。

目標というのはすべからく「そのときには達成困難に見えても、努力を傾け続ければ最終的には達成できるかもしれない」ものであるべきだと確信しています。32歳の私にとって、この目標がまさにそれだったと言えます。

たとえば、5年後の37歳にトップになるという目標だったとすれば、ちょっと時間が短すぎる。ましてや年功序列ならぬ年令序列が幅を利かせている当時の日本の会社では不可能に近い。目標というよりは悪い冗談と受け止められかねません。反面、50歳でトップになるというのでは、ちょっと遅すぎる。時間がかかりすぎて息切れしてしまう。第一、薹《とう》が立ってしまう。この2つの妥協点として45歳を設定したわけです。

あくまで一般的に、ということですが、人生は次の5つの期に分類されます。

①パーソナリティー形成期（0〜14歳）
②基礎確立期（15〜29歳）
③充実・拡大期（30〜44歳）
④円熟期（45〜64歳）

⑤ 下降期（65歳～＊異議あり！）

こうしてみると、45歳で企業のトップになるというのは、図らずも円熟期の入口に入った頃に企業をリードする立場に就くということになって、タイミングとしては理想的だったようです。もっとも、その当時の私が45歳で円熟期に入っていたかどうかはまったく保証の限りではありませんが……。

こうした目標を立てた私は、シェル石油（現・昭和シェル石油）、日本コカ・コーラを経て、ジョンソン・エンド・ジョンソンで、目標通りに45歳で「社長」というトップの座に就くことができました。

今から考えてみると、「企業のトップになる」という目標を立てた頃は、社長（トップ）とは何かということよりも、自分の実力の証明（または期待）としての社長職であり、自分の責任と権限で力一杯バリバリ仕事をやる立場としての社長をイメージしていたというのが正直なところでした。

しかし、43歳で常務になり、次いで44歳で専務になり、だんだんと社長職が目に見えてきたとき、「社長の役割」を具体的にイメージするようになりました。その後、社長として四期8年間仕事をしてきた体験を通じて、「社長の役割」とは何か、「社長業の原理原則」とは何かが、自分なりにある程度は理解できたような気がします。

その後、フィリップス、サラ・リーコーポレーション、日本ホールマークという、それぞれの分野で世界的にリーディングポジションを誇る3つの企業で社長職を担当したことも私にとっての「社長開眼」に大いに役立ちました。

ちなみに、現在は㈱国際ビジネスブレインという会社を設立して、これまで培ってきたノウハウを、講演や研修、及び執筆という形で、日本及び海外を舞台にして広く伝えることを自分の使命としています。

❖本当に大切なことは何か

そもそも世の中には業種や業界も違えば、歴史も企業規模も違う会社がゴマンと混在しているわけですから、社長に対する期待も当然違ってくるでしょう。まさに「会社いろいろ、期待いろいろ」です。そんな社長の仕事を一つひとつ取り上げていったら、それこそ無限に広がって収拾がつかなくなってしまいます。

でも、根っからのワンマンカンパニーでもないかぎり、会社にはそれなりの人材がいるわけですから、権限委譲によって、社長業に専念するための自分の時間を作ることができます。どんどん仕事を譲っていって、重要度の低い仕事を削ぎ落としていくと、社長のなすべき仕事の核とでも言うべきものが現れてきます。

社長の責務（責任と義務）とは何か？

新《あたらし》的に言えば、〝自分の会社を勝ち残る企業に育て上げる〟ことにより、すべてのステークホルダー（利害関係者）の幸せに貢献することです。

これは、家業を継いだ人でも雇われ社長でも、グローバル展開を果たしているビッグビジネスのＣＥＯでも基本的には同じことです。中には企業価値の最大化により株主の期待に応えることであるという定義もあります。定義はしばらく置くとして、勝ち残る品質の会社を創造し、維持し、さらに発展させることにより、世のため人のために尽くすこと、これこそが社長の最大の責務なのです。少なくとも私はそう確信しています。

❖ 考え方の明確化が先決

私は若い頃から上昇志向が強い方だったと思います。自営業を営んでいる親が金繰りで苦労しているのを見るうちに、〝俺は頑張らなアカン！〟という気持ちが心に染みついたのだと、今となっては思います。そもそも外資系企業を最初の勤め先としたのにはワケがあります。

大学卒業の前年に会社訪問をした際のことです。ある日本企業の人事部長が、百数十人の学生を前にして誇らしげにこう言ったのです。

「当社は平等に処遇するのが特徴です。入社して14年目には全員、係長のポストが約束されています。給料もボーナスもみんな同じです」

若くて血の気が多かった私は、「アホか！　何を言っているんだ。平等かもしれないが、公正ではないじゃないか。こんな会社はこちらから願い下げだ」と、拒否反応が先行してしまったのです。

好意的に考えると、件《くだん》の部長氏は「入社10年間ぐらいは力をつけるための初期期間も同然なんだから、失敗を恐れずにガンガンと思い切った仕事をしてこい」というくらいのつもりだったのではないかと思います。しかし、仮にそうであったとしても、たとえ若くても、自分のやった仕事によって評価してもらい、それなりに処遇してもらいたいという気持ちに変わりはありません。

結果が良かったとしても悪かったとしても、自分の出した結果はイコール（平等）ではなく、フェア（公正）に評価してもらいたいものです。「機会は平等に、処遇は公正に」。これが、経営者としての私の信念です。

「何が何でも一緒くた」ではなく、正しい差別待遇（この言葉が嫌いなら区別待遇）が必要だということです。

年齢的・精神的な若さもあり、ファイト満々で上昇志向旺盛な私でしたから、当時の日本の会社ではどうにも飽き足らなかったのです。最近の日本企業ではそれなりに年齢プラス功績を重視する正しい意味の年功主義を標榜しているところも増えてきましたので、あえて「当時の」と限定しました。

外資系企業に就職した私は、いくつかの目標を積み重ね、一つひとつチャレンジすることによって、「トップになろう」という意欲を燃え続けさせました。そして、結果的には目標通り45歳で社長になることができました。企業の経営も同様ではないでしょうか。チャレンジすべき目標を社員一人ひとりが共有することが肝要なのです。

社長のなすべき仕事は数多くありますが、その前提として、まず「企業の〝あらまほしき姿〟(理念)」を設定し、次に「企業の達成すべき長短の〝目標〟」を提示し、その達成のための「戦略(方法・道筋)」を確立することが必要です。

これを方程式で示すと、次のようになります。

方向性＝理念＋目標＋戦略

ここで「社長の最大の仕事は何か」という問いに対する答えの中間決算を1つ。社長の最も重要な仕事の入り口は、「理念・目標・戦略の3点セットから成る方向性を全社員に対し、説得性と納得性高く発信すること」なのです。

理念とは、文字どおり理想を念じるということです。会社の「あるべき姿が具体的にイメージできるもの」です。あるべき姿を心のカンバスに描くことを英語ではビジュアライズ(visual-ize)と言います。この名詞形がビジョン(vision)です。一方、目標とは、「それを達成すれば限りなく理念(ビジョン)で心に描いた姿に近づく具体的なターゲットのこと」なのです。そして、戦略とは、目標を達成するための大枠としてのやり方のことです。戦略を細かく具体的に落とし込むと、そこには戦術が生まれます。

以上、私の「自分史」にお付き合いいただき、ありがとうございます。ここからは私の約半世紀にわたる「体験的経営論」ということで話を進めていきたいと思います。いよいよ本番の始まりです。

知っておきたい〝勝ち残る企業〟を創るための原理原則

❖体験から生まれた原理原則

ところで、自分の会社を勝ち残る企業に育て上げると言っても、そもそも我が社を勝ち残る企業に創り上げるためには、何を考え、何を行うべきなのか、という基本的な命題があります。また、それが理解できたとしても、実現に向かってどんな行動をとっていったらいいのかという疑問もあります。クリアすべきいくつもの課題があるのです。そこで、本書においては、自分としてはそれなりの成果を上げたと信じている私の体験から生まれた原理原則を6つの章に分けてなるべく具体的に紹介したいと思います。煮て食うか、焼いて食うか、食わないで捨ててしまうかはあなたのご自由です。

経営に関する本は書店の棚を賑わしていますが、大方のものがエライ（と自分が考えている）評論家や口説《こうぜつ》の徒《と》である大学教授、手が届かないような高みにいる経営者などヨソの世界に住む人たちがしたためたものです。「エライ」人が書いたものだけに、どうもいま一つ身近な問題としての現実感に乏しいきらいがあります。「結局、だから何なの?」でモノの役には立ちません。

この本は私の体験や私なりに咀嚼《そしやく》した多くの実学をベースにまとめています。「一緒に頑張ろうよ」という気持ちで、「空論」や「虚構」ではなく、実際に役に立つ「実論」の書にしたいと思います。

❖ 本書の構成

本書の構成を紹介しましょう。

第1章では、社長が育てるべき「勝ち残る会社を創る」ための前提条件を、現象面から具体的に説き明かします。

私は、勝ち残る企業の条件として、第1に経営者品質、第2に社員品質、第3に顧客満足、そして最後に業績の4つの条件があると考えています。業績（売上、利益）は目標であると同時に結果でもあります。正しいプロセスを経た上での結果ということです。優れた企業であるために必要な4つの条件をここでは詳しく検証します。

第2章は、「勝ち残る企業になるためのアプローチ」を示します。

前述の４つの条件を満たすには、３つのＰが必要になります。まず、フィロソフィー（philosophy　経営理念）があること、そして、プラン（plan）、生きた計画を立ててそれを実践していること。そして、ピープル（people　社員）を道具ではなく資産として考えて、資産価値を高める努力をしていること。いわばこれらが勝ち残る企業になるための根本条件と言えます。

この第1章と第2章では、ご自分の会社を改めて振り返って、どこをどう手直ししていったらいいかを考えていただくヒントとしてください。ここで大事なのは、総論を各論に落とし込んでいただきたいということです。総論は評論家や批評家の領域です。経営者は学んだ総論を各論に変換できなければなりません。

第3章の「勝ち残る企業になるための心の持ち方」では、勝ち残る企業たるための条件を別の角度から捉えてみました。

ここでは勝ち残る企業になるために必要な具体的コンセプトを紹介しています。それは、Ａ＝アクション（action　行動重視）、Ｂ＝ベーシック（basic　基本重視）、Ｃ＝カスタマー（customer　顧客重視）、Ｄ＝ディファレンシエーション（differentiation　差別化重視）、Ｅ＝エンプロイー（employee　社員品質重視）のＡＢＣＤＥです。第1章が外から見てもわかる現象面、第2章が企業文化的側面が強い要因なのに対して、この章では経営活動的側面の強い要因を紹介しています。

第4章は、「『自分育て・人育て』の原理原則」。「まず隗《かい》より始めよ」。私の好きな言葉です。「会社育ては人育て、人育ては自分育て」なのです。つまり、自分の能力や人間力を高めることがひいては会社を成長、発展させることにつながります。社長として身につけるべき能力と人間力とは何か、部下をどう育てるか、自分の右腕をどう育てるか……といった自分育て・人育ての原理原則をこの章で再認識していただきたいものです。

第5章は、「〝朗働環境〟づくりの原理原則」として、どんな組織を構築していったらいいのかのガイドラインを紹介します。

組織にＫＩＳＳ（後述）をすることの意味を、この章では十分に考えていただきたいと思っています。

そして、第6章。ここでは「勝ち残る企業のグローバル化への対応」を考えます。海外へ出ていく時代から、いまや内なる国際化時代。外国人の就労者の急増はグローバル化を迫られている日本企業のグローバル人材不足の穴を埋めています。さらには、これまでは国内市場だけを相手にしていた中堅・中小企業とはいえ、これからは〝地球儀の上に立ってものを考える〟というグローバル化を念頭に置いた経営を行う必要があるゆえんです。ここでは、グローバル時代の経営者のあり方を検討します。

❖ 勝ち残るリーダーの誕生

「蟹は自分の殻に合わせて穴を掘る」と言います。同じように、「会社の成長の90％以上はリーダーの器で決まる」ものなのです。経営者の器が小さいうちは会社の成長も望めませんし、トラブルも絶えません。これを「ウツワ（器）モメ」と言います！「馬鹿な大将、敵より怖い」という皮肉な言葉もあります。社長の役割が勝ち残る企業を創造し、維持し、さらに発展させることであるということを確認した以上、会社を牽引する社長自らが勝ち残る人財に生まれ変わり、リーダーシップを発揮せねばなりません。

ビジネスの成功には方程式がある

❖身につけたい成功の方程式

あれよあれよという間の9・11（同時多発テロ）、リーマンショック、3・11（東日本大震災）、ギリシャ経済の破綻……と「激動の時代」の真只中にある現在。経営の上で悩みの種は尽きることがありません。まさに「世にトラブルの種は尽きまじ」の感があります。

こうした時代の激流を乗り越えていくためには、その根底に流れているものを鋭くえぐり出そうという視点が必要になってきます。人はとかく目先のことにとらわれがちになります。それだけに、意識的に歴史の流れの中における全体の俯瞰《ふかん》を失うことのないよう努めなければなりません。

経営の世界も同じことです。変化に対応するために、何が何でも自分の方が変化しなければならないというわけでもないのです。

この本でも明らかにしていますが、優れた企業を見ると、時代や国境、業種や業界及び企業規模といったことに関係なく、いくつかの恒久的・普遍的な「原理原則」とか「定石《じょうせき》」とでも言うべきものを大切にしています。

松尾芭蕉の言葉を借りれば、経営の世界にも時とともに変わる〝流行〟がある反面、変わらない〝不易《ふえき》〟があるのです。

流行に対しては、鋭敏に対処、変化し、不易は大切に守る。この2つのバランスをうまくとることが経営の極意であると言えます。

私はものごとを成功に導くには、それなりの基本としての型があるのではないかと、かねがね思っていました。あるとき、それを1つの方程式にまとめてみました。私がビジネスの世界で一応の成功を遂げてこられた理由は、この方程式を実践してきたせいではないかと思っています。

その〝成功の方程式〟は次のようなものです。

成功＝（情熱×能力×人間力）×運

つまり、情熱を掻《か》き立てて、持てる能力を発揮して人間力を高め、それに運が加われば成功を引き寄せることができるというわけです。初めに情熱ありきで、トップのやる気が一番大切なのは言うまでもありません。そういえば、〝情熱がなければ偉大なことは何ひとつ達成できない〟というラルフ・ワルド・エマーソン（1803～1882　米国の評論家・詩人・哲学者）の有名な言葉もあります。「能力5倍、情熱100倍」という〝名言〟を吐いた某日本人経営者もいます。

❖企業レベルで考えると……

これを企業レベルに大胆に置き換えてみるとこうなります。

企業成功＝「社長の情熱×方向性（理念・目標・戦略）×社員品質」×外部環境要因

社長は成功をめざして、情熱を掻き立て、その実現に向けて正しい方向性を示し、効果的なプロセスを踏んで邁進していきます。しかし、いくら頑張っても社長一人ではモノゴトには限度があります。そこで、社員一人ひとりが会社の目標に向かって意欲を保ち続けることができるような仕組みづくりを行い、目標実現のための戦略を立案、さらに社員一人ひとりがそれに集中できる工夫をする必要があるのです。

情熱・方向性・社員品質――いずれをとってもごく当たり前で、平凡な言葉です。しかし、現実には外部環境にそれほど差がなくても、成功者や成功社と衆目一致して認める人や会社とそうでない人や会社があります。

肝心なのは物事を理解することではありません。理解したことを実行する能力と気力があるか否かということなのです。

ホンのちょっとした心がけや、それから発生するちょっとした違いが初めは小さな差だと思っているうちに、時間という要素が加わることによって、いつしか加速度的に大きな差になっていくのです。〝大きなこと〟は〝小さなこと〟の積み上げであるということを忘れないでください。

この本に目を通すことを決めたあなたが、成功の方程式を認識した上で、「社長業の原理原則」を身につけて、自信を持って会社を引っ張っていくことを望んでやみません。

この章の最後に私の好きな自家製のモットーを1つ。

「会社育ては人育て。人育ては自分育て」。

すべての原点は自分にあるという平凡な事実です。

第1章

勝ち残る企業創りの基本

押さえておかなければならない基本

❖総論から各論へ

1800年のアメリカには、わずか335社の株式会社しか存在しませんでした。それが現在では1900万社を数えるに至っています。日本でも200万社以上の会社がしのぎを削っています（色々な統計があり、数はまちまちです）。

その中で、ただ単に成長を続けているだけでなく、自他ともに「いい会社だ」と呼べるような会社は、どれほどあるでしょうか。

社長の仕事は、「自分の会社を勝ち残る企業に育て上げることだ」と私は前章で提言しました。では、自分の会社が優れた企業であるかどうかは、どこでどう判断したらいいのでしょうか。

これまで、数多くの評論家や学者、経営者、コンサルタントなど、さまざまな立場の人が、さまざまな角度から、さまざまな見解を述べています。毎日必ず1冊は本を買う〝買書家〟をもって任じている私ですから、これまで接した多くの本一つひとつに対して、「なるほど、なるほど」「もっともだなあ」と感心することは多々あります。

しかし、その一方ではこんな気持ちもしました。それは、一般に言われている優れた企業に関しての総花的な議論は、ある一定の線を越えるとほとんど意味を持たない不毛な議論になってしまう、ということです。それぞれの会社は、そのバックボーンと言うべき歴史も違えば、企業規模も提供している商品もサービスも異なります。市場も違えば、従業員の平均年齢も成熟度も、組織形態も……とさまざまな要素が違います。

こうした限りなく多い可変要素を伴っている企業群を総論の枠の中に閉じ込めて議論することは、ある程度までは参考になっても、それ以上は議論のための議論以外の何物でもなくなってしまいます。私たちビジネスに携わる者は、総論偏重の評論家とは違って、常に各論でモノを考えて、議論をし、決定し、それを実行に移すことが肝要なのです。

それを念頭に置いた上で、各論に結びつけられるように総論を論じたいと考えています。私の考え方と主張の中からご自分の会社に役立つ各論を導き出して、会社の実情に即してどう生かしていったらいいかを具体的に検討していただきたいのです。経営者にとって重要なのは、総体ではなく、具体です。

❖ エクセレント・カンパニーは存在しない？

「勝ち残る企業」の条件を考える際の1つのヒントとして、1982年に発刊された古典的名著『エクセレント・カンパニー』（原題『In search of Excellence』トム・ピーターズ＆ロバート・ウォータマン著・講談社刊　※現在は英治出版から刊行）を紐解きたいと思います。

世界的なコンサルティング会社であるマッキンゼー＆カンパニー社が、過去20年を通じて革新性を発揮し続けていて、しかも財務体質の優れた企業を選び出して分析した結果、次のような共通項が浮かび上がってきました。

①行動を重視する気風
②顧客密着の営業方針
③自主性と企業家精神を持つ多数の社員
④人間を考慮した上での生産性向上
⑤価値観に基づいた実践
⑥本業を基軸とした発展
⑦単純な組織・小さな本社

⑧ 厳格でしかも寛容な従業員管理

この本は、従来の経営戦略論を結果的には批判したことになったということもあって、超ベストセラーになりました。この項目の一つひとつは洋の東西を問わずに、重視したいポイントであると思います。

ところが、この本が出版されてからわずか2年後の『ビジネスウィーク』誌（１９８４年11月5日号）に、「エクセレント・カンパニーとして紹介されている43社のうち14社はなんらかの形でつまづきを見せている」旨の記事が載りました。

さらに、この本をまとめたピーターズ自身も、後に著した『トム・ピーターズ経営革命』（阪急コミュニケーションズ刊）の上巻の冒頭でこんな爆弾発言をしています。

「いまどきエクセレント・カンパニーと呼べるような企業は、ひとつもない……」と。

このことは何を意味しているのでしょうか。私は前述の8項目が挙げられたエクセレント・カンパニーたる共通項そのものが間違っていたとは決して思いません。

では、なぜ？

こう解釈したらいかがでしょうか。

「エクセレント・カンパニーになることよりも、それを維持することの方が数倍も難しい」と。

まさに「守成《しゅせい》は創業より難し」なのです。

過去、1メートル78センチ、体重60キロというヤセッポチで〝ガイコツ〟というアダ名のあった私は、大学に入ると一念発起してボディー・ビルクラブに入りました。だんだん筋肉がついて、体重も83キロに増えました。銭湯などで「いい身体しているねぇ」などと言われるようになってくると、ますます運動をする意欲が湧いたものです。こうして身体ができてくると、今度はそれを維持しなければなりません。

振り返ってみると、肉体づくりに励んでいるときより、作り上げた筋肉を維持しているときの方が努力を必要としたような気がします。自分一人の意志でどうにでもなる肉体でさえ、こうです。ましてや、さまざまな個性や発想を持った多くの人間が活動をしている会社です。「勝ち残る企業創り」を目指して成長しているときより、ある程度でき上がった会社のエクセレンス（優秀性）を維持するときのほうがよほどシンドイのです。なぜか？　いつの間にか油断や甘えが芽を出すからです。

❖ 困難な市場の変化への対応

ところで、『勝利の本質』（レジス・マッケンナ著・三笠書房刊）では、エクセレント・カンパニーがエクセレンスを失った理由として、『ビジネスウィーク』誌と『ジャーナル・オブ・

マーケティング』誌から引用して、「市場の変化に適応する難しさ」を挙げています。〝斬新な発想や決断力が欠けている〟経営者やマーケティング責任者を抱えている企業は、そうした危険性を常にはらんでいるわけです。

「大きい者、賢い者が生き残るのではない。変化に迅速に対応できる者が生き残るのだ」

チャールズ・ダーウィン（１８０９〜１８８２　英国の博物学者、進化論者）の言葉です。くり返して言います。もし、大きい者が生き残るとするならば、どうして日本航空の墜落やゼネラルモーターズのエンスト、イーストマン・コダックのブラックアウト（暗転）を説明できますか？

企業が継続するために必要な条件

❖ 勝ち残るための6条件

企業はすべからくゴーイング・コンサーン(継続する会社)であるべきです。これはコンサーン(心配)の継続(ゴーイング)ということでもあります。経営者ならば、この感覚は実感としてわかることと思います。前述の『エクセレント・カンパニー』で代表的な企業として紹介された企業であっても、わずか数年後にはそのエクセレンスの光を失うことになってしまったことからも、ゴーイング・コンサーンたることの難しさの一端が理解できます。かつて、企業の寿命30年説が唱えられて、それなりの説得力を持っていたのも、同様の理由からでしょう。

「勝ち残る企業」として成長を続けるためには、まず何を持って勝ち残るための条件と考えるかという基本的な判断基準が必要になってきます。前述の『エクセレント・カンパニー』では、次の6つの客観的条件を挙げています。

① 資産成長率
② 自己資本増加率
③ 市場価格対帳簿価格比率
④ 使用総資本利益率
⑤ 自己資本収益率
⑥ 売上高収益率

❖私の考える「勝ち残る企業」

それぞれそれなりにもっともな条件です。経営者としては、こういう計数的な角度から自分の会社をとらえておく必要もあります。ただ、私の考えるエクセレント・カンパニー判定の基準は、これとは大幅に異なったものです。

冒頭でも述べたことをちょっと言い換えると、優れた企業とは、「世間や他人様や株主様のお役に立って、社員に物心両面での満足感を与え続けることのできる会社」のことだと私は考えています。２６０年も昔の「人よし、我よし、世間よし」という近江商人の理念とそのままピタリと一致しています。ちなみに、尊敬している何人かの経営者の方々にもご意見を伺ってみたところ、おおむね賛成していただけました。

　では、この種の卓越性を持続・継続させるためには何が必要でしょうか。当然ながら、売上と利益がそれなりに必要でしょう。しかし、それだけでは不十分です。社会や環境への貢献が必要ですし、もちろん社員の幸せづくりに対する配慮も欠かせません。この売上（sales＝S）、利益（profit＝P）、社会（community＝C）貢献、社員（employee＝E）への貢献の頭文字をとって、「SPCEは勝ち残る会社の条件」と呼んでいます。

　次にそれぞれの中身を検討してみましょう。

勝ち残る会社の条件①　売上高（S）は増加しているか？

❖人に似ている会社の成長過程

会社である以上、売上高が1つの基準であることは言うまでもありません。しかも、それがある程度の規模を持っていることと、さらには上昇傾向にあることが重要です。

会社は人間が育て上げるものです。それだけに、人間臭いところが大いにあります。ベンチャー企業として誕生した会社を例にとると、その辺の呼吸がよくわかるでしょう。

生まれたばかりの赤ん坊は、首も座らず倒れる危険性も高いものですが、その反面、成長力も強いです。

ところが、子供がどんどん大きくなっていくように、企業も成長期には力強く2ケタ成長を続けていきます。この無限に続くかと思われる急成長も、ある時期、子供が大人になって身長の伸びが止まるように、安定成長、ひいては減少に変わってしまうものです（現に70歳を越えた私の身体は、176センチと、若い頃と比べ2センチも縮まっています！）。

長い間には、人が患うように企業も患うことがあります。上場以来60年以上も増収、40年以上も増益し続けているジョンソン・エンド・ジョンソンのような超例外に近いような会社もあるにはありますが、多くの会社は減収や減益を何度かは経験しているものです。

私が、売上高が「上昇傾向」にあることとしているのは、勝ち残る企業（ウィニング・カンパニー＝winning company）は1年でも減収があったらいけないというほど厳密に考えているわけではないからです。時には戦略的縮小もありえるわけですから、あくまで「傾向」として売上高を伸ばしつづけることが重要なのです。

❖ナンバー2は死を意味する？

ある本に、日本のスーパーの中興の祖と言われたダイエー創業者の故・中内㓛（1922～2005）が、「ナンバー2は死を意味する」と断言したと紹介されていました。そう言えば、「2番ではいけないのですか？」と言った女性大臣もいました。ランチェスターの法則にもありますが、企業はある程度のシェアを確保すると、他社の追随を許さない格段の強みを発揮することができます。利益重視が風潮の現在であっても、その事実に変わりはありません。もちろん、ナンバー2企業だって、シェア奪回を虎視眈々《こしたんたん》と狙っています。ナンバー1をキープするためには、あくまで売上高を伸ばし続けなければならないゆえんです。

売上高が上昇傾向であることが重要なのは何もナンバー1、ナンバー2企業ばかりではありません。

たとえば、私がかつて社長を務めていたジョンソン・エンド・ジョンソンは、世界ベースでは7兆円を上回る売上規模があります。こうした5兆円、6兆円規模の売上高を誇っている企業であっても毎年5％の売上高の減少を続けていたらどうなるでしょうか。いつの間にか、その巨大な企業も海の藻屑と消えてしまうでしょう。売上高が上昇傾向であることが必要なゆえんです。

❖何％の売上高伸び率が必要か？

では、いったい何％程度の売上高伸び率が必要なのでしょうか？

もちろん、業界によって違ってくるでしょうし、その会社の発展段階によっても変わってくるでしょう。誕生したばかりの会社や成長期にある会社では、業界の平均を大きく上回る伸びを示す必要があるでしょうし、円熟期にある会社では必ずしも伸び率だけが重要な基準となるわけではありません。

しかし、これだけは言えるでしょう。自社の売上高伸び率が、自分の所属している業界の平均値よりも高いこと――もっと具体的に言えば、自社の競合会社よりも、傾向として売上の伸び率が高いということが重要だということです。

ただし、伸び率が高いほどいいというわけではありません。売上高の伸び率が体格をつくるということであれば、その前に体質をよくすることも要求されてきます。企業はビッグ（ＢＩＧ）になる前には、グッド（ＧＯＯＤ）である必要があるのです。裏返して言えば、グッドな会社は、その結果としてビッグになるのです。グッドを忘れてビッグに走るとどこかで破綻をきたします。

成長が望ましいのは言うまでもありませんが、単なる膨張や肥大化は剣呑《けんのん》です。世の中には、拡大をあせるあまりの結果として、Ｐ／Ｌ重視・Ｂ／Ｓ毀損のあげくの黒字倒産という、経営者にとって忌まわしいケースがいくらでも転がっています。

私の言う望ましい売上高の増加傾向というのは、「体質の改善と強化が伴った成長」であることです。これを、アメリカ人はマネージド・グロース（managed growth　マネージされた成長）と呼んでいます。プロフィッタブル・グロース（profitable growth　利益を伴った成長）と呼ぶこともあります。新規開拓、多角化、商圏の拡大、取引先の拡大、新規ルート開拓、シェア拡大、Ｍ＆Ａ……といったさまざまな手を打つのは重要なことですが、あくまで「体格」ではなく、「体質強化」を大前提とした上での売上高の拡大を続けることです。

勝ち組になるための第1の条件は、売上高（S）が増加傾向にあること。そして、マネージド・グロースであることが重要なのです。

勝ち残る会社の条件②　利益（P）は伸びているか？

❖なぜ収益をあげる必要があるのか

売上高と並んで利益（P＝プロフィット）を勝ち残る企業たるための条件として挙げたいと思います。これに異存のある方はいたとしても極めて少ないでしょう。

しかし、利益といっても、①当期利益、②粗利益、③営業利益、④経常利益、⑤税引前当期利益、⑥当期未処分利益など、いくつもの種類があります。その中で何を指標としたらいいのでしょうか。

通常の場合は、④経常利益、いわゆる「ケイツネ」ということになるでしょう。これは、ご存知のとおり、営業利益に受取利息や配当金、有価証券売却益などの営業外利益と、支払利息、受取手形割引料などの営業外費用を加減したものです。

売上高や店舗数、従業員数など量的拡大していることは外からも案外見えやすいものですが、利益体質といった質的な面はなかなか見えにくいものです。そこで、利益伸び率などに注目して、企業体力を測るわけです。

ところで、ここでもう1つ基本的なことを考えてみましょう。そもそも企業はなぜ収益をあげなければならないのでしょうか？〝バカなことを聞くな！〟と怒らないで、ちょっと耳（目？）を傾けてください。

「ステークホルダー」という耳にたこができるくらい聞いたことのある言葉があります。自分の会社と関係のあるすべての利害関係者のことです。会社が存在する以上、株主をはじめとするステークホルダーに対して何らかの形で、お返し、つまり還元をすることが必要になります。また、将来の成長に備えた投資資金の余力がなければ、売上高を伸ばし続けることができません。さらに、予測不能な事態に備えるためにも内部留保は必要でしょう。こうした財源となるのが利益というわけです。

売上高と同様に、この利益も傾向として収益が改善傾向、増大傾向にあることが要求されます。ただし、利益が伸びていることだけを見て安心してはいけません。その利益の内容の傾向を知ることが必要なのです。たとえば、粗利益が下降傾向にあるのならば、商品の競争力が失われつつあることがわかります。また、粗利益に変化がなく営業利益が下降傾向にある場合には、営業そのものに問題があるのか、一般管理上の問題がありそうです。さらに、営業利益を維持していても経常利益が下降傾向にあるのならば、金融費用が過大になっている可能性があります。

経常利益の伸び率に注目することは重要ですが、その他の利益にも目を配る必要があるというわけです。

❖高収益企業に不足しているもの

売上高と利益が増大傾向にある企業は、世に言う「高収益企業」ということになります。しかし、高収益企業は優れた企業には違いありませんが、それだけでは勝ち組企業と呼ぶには何かが足りないと私には思われてなりません。さらに、「エクセレント・カンパニーの条件とはなんだろうか」と考えているうちに、次の2点の重要性がクローズアップされてきました。それが、社会（C）貢献と社員（E）への貢献なのです。

ジョンソン・エンド・ジョンソンではこの2つは経営ポリシーそのものとして重視されていました。あまりに馴染みがあり過ぎて、私はこの2つを企業にとって当たり前のことと考えていました。しかし、客観的かつ第三者的な立場に立って考えてみると、「この2条件こそが勝ち組企業に欠くことのできない条件に違いない」と再度確信するに至りました。

勝ち残る会社の条件③　社会(C)貢献を果たしているか?

❖社会貢献の2つの側面

ひとくちに社会貢献（C＝コミュニティ）と言いますが、その守備範囲には2つの側面があるようです。1つは、〝オラが村とか、オラが県〟的な狭義の地域社会に対する貢献です。そして、もう1つは広義の世界に対する貢献ということになります。ローカルコミュニティとグローバルコミュニティの2つです。

この2つの面で、トップから新入社員に至るまで、「われわれの仕事はこういう面で社会のために役に立っているのだ」と、自分を欺くことなしに実感できるかどうかです。社員が自信を持ってそう言い切ることができる企業は、きっと勝ち組企業であるか、勝ち組企業に近づきつつある会社に違いありません。

では、こんな会社はどうでしょうか。

目標の中身、内容とか、売上高とか、市場占拠率とか、業界における競争力とかは優れていても、目標達成のために手段は選ばない、反社会的勢力とでも手を組むという感じの会社です。こんな薄汚い感じの会社は、しばらくは世間をごまかすことができても、そこは「天知る　地知る　己知る」で、やがては社会の信用を失うことになってしまいます。

社会貢献を果たしながら、その方法はもちろん、会社のあり方自体がフェアであり、クリーンであることが重要なのです。

これまでの社会では、社会貢献と言うと、自分の会社の本業の舞台だけでやっていればとりあえずは事足りました。私は、この考え方は基本的に正しいと固く信じています。

メーカーであれば、優れた商品をつくって消費者にお届けすることで喜んでもらう。取引先にも利益をもたらすことができる。サービス業であれば、質の高いサービスを提供することが何より。こうして消費者に喜んでいただいて、利益をあげて、税金という形で直接的、間接的に社会に貢献することが、本質的な社会貢献です。

行き過ぎた「節税」で税金をほとんど納めていない企業がマスコミに揶揄《やゆ》されたり、指弾されたりするのも、税法上は問題ないとしても、「本業に励んで税金を払う」という形で社会貢献をしていないという形に対する批判の心が、マスコミの潜在意識の中に潜んでいるからではないでしょうか。

ところが最近では、本業を通じた社会貢献だけではどうも十分ではないようです。本業以外にも、目に見える形で社会貢献をするようにと、企業に対するプレッシャーがだんだんと高まってきています。

本業以外の社会貢献と言うと、ひところ前まではフィランソロピーとかメセナという言葉で呼ばれることが多くなってきました。ちなみに、フィランソロピーとは「人を愛する」というギリシャ語から派生している言葉で、博愛や慈善より幅広い意味を有しています。一方のメセナはフランス語で、「文化の擁護」といった意味を持っています。

フィランソロピーにしろメセナにしろ、文化活動とか、スポーツに対する支援だとか、芸術家や学者に対する息の長い資金提供など、さまざまな形のものがあります。

❖社会貢献の具体的な事例

ジョンソン・エンド・ジョンソンの総本社であるアメリカ・ニュージャージーに行くと、壁に紙が貼ってあります。ユナイティッド・ウェイというアメリカ最大の募金組織の広報です。たとえば、従業員が地域の住人として、親を亡くしたかわいそうな子供に対して20ドルの寄付をポケットマネーでしようと思ったとします。そう申し出ると、「マッチング」と称して会社も同額を拠出してくれます。つまり、自分の出す20ドルと会社の20ドルをプラスして40ドルを、寄付しようとした本人の名前で寄付することができるのです。あるいは、会社の勤務時間の間にボランティア活動に参加したいという欲求に対してもそれを認めてくれます。こうしたことを、会社が制度として認めているばかりでなく、それを奨励しているのです。

多くの企業では、それぞれが自分たちのできる範囲で社会貢献を果たしています。日本では1990年に経団連の主導で経常利益や可処分所得の1％以上を社会福祉に回す「1％（ワンパーセント）クラブ」が誕生。積極的に活動を開始しました。「企業は今後、生活者、地域、地球環境などへの配慮を自分のコストに折り込んでいくべきだ」（当時の平岩外四会長の言葉）という認識がその背景にあります。なお、アメリカでは1％どころか、5％クラブもできています。

また、企業文化部や文化支援室といった文化活動を主体的に実施する部門をつくって意欲的に活動を行っている企業も増えています。さらに、ボランティア休暇制度を導入して社員のボランティア活動を支援、社員が仕事以外に社会との関わり合いを深めることを奨励しはじめています。

社会が少しでもいい方向に向かっていくために企業は貢献を始めているわけです。こうした活動が企業の業績に影響することはそれほどないかもしれません。でも、こうした活動が企業にとって重要になっていることだけは確かです。

❖社会貢献が望ましい理由

では、なぜ本業外の社会貢献が望ましいのでしょうか？

ノーブレス・オブリージ（noblesse oblige）という言葉があります。高い身分や地位を持つ者はそれにふさわしい義務を持つという考え方です。西欧では、これが貴族の義務なのです。イギリスのチャールズ皇太子や王族が実際に軍務について汗を流したのも、昔の戦争で貴族が先頭に立って勇敢に戦ってノーブレス・オブリージを果たした名残と言えます。貴族や地位の高い者ほど、あらゆる面で責任も重いというわけです。この点、日本の経営者や政治家の頭の中にはノーブレス・オブリージは存在するでしょうか？

この思想は、現在では「恵まれた者は施せ」という発想で息づいています。日本の皇族が社会福祉事業に力を入れているのも、ノーブレス・オブリージの1つの形と言えるでしょう。

日本では、国は膨大な財政赤字を抱えており、個人のクオリティ・オブ・ライフもまだまだといった状況です。その点、20年以上も前にバブルが弾けたとはいえ、多くの企業はまだまだ恵まれています。そこで、「恵まれた者は施せ」という社会的な期待とプレッシャーが高まってくるわけです。それに応える必要がある――これが消極的ではありますが、企業の社会貢献が必要な理由の1つです。

❖社会貢献は間接的には利益に結びつく

ある自動車メーカーの役員と話をしたことがあります。そのとき、役員氏はこんな話をしてくれました。

「クルマの品質という面ではどこのメーカーもそう変わりありません。その中で、どのようにして消費者はクルマを選ぶのでしょうか？　大きな理由が2つあります。1つはクルマのデザインです。もう1つが会社のイメージです」

一部の例外を除けば、耐久財でも消費財でも、日本のメーカーの商品は品質の面で、韓国や台湾に追い上げられつつあるとはいうものの、いまだに世界的にはトップレベルにあります。また、日本に輸入される製品も、品質の優れたものがよりすぐられています。したがって、一般の消費者には、どの会社のどんな商品がどう優れているのかは、なかなか見分けがつきません。その中で消費者に買ってもらうためには、デザインはもとより自社のコーポレートイメージやブランドイメージが大切になってくるわけです。

自社のいいイメージをつくるためには、本業でいい商品をつくる、いいサービスを提供する……こうして「時間」という名前の友達の助けを借りながらいいイメージを醸成していく。これがまず第一歩であることは言うまでもありません。しかし、残念ながらそれだけでは不足です。そこで、本業以外の面でも自分の分相応の範囲でもって社会貢献をすることが必要になってくるわけです。

この社会貢献というものは、件の自動車会社の役員氏の言葉にあるように、中期、長期といったレンジで考えれば、自社の業績にも反映されてきます。その意味では、社会貢献をすることは企業の論理から言っても、納得性が高いものと言えます。

とまぁ、いろいろ述べましたが、「不易」の世界に戻って言えば、「企業の果たすべき本来的貢献の場は、本業を通じてである」という原点回帰が必要になると思います。１％クラブや文化支援が「流行」にすぎないと決めつけているわけではありません。会社経営はあくまで本業中心に、という原理原則を強調したいのです。

勝ち残る会社の条件④　社員（E）への貢献を果たしているか？

✣ 忘れてならない社員への貢献

勝ち残る企業になるためのもう1つの大きな条件として、外向けの「社会への貢献」に次いで、内向けの「社員への貢献」――社員の幸福実現を挙げたいと思います。

俗に3Kという言葉がありました。この「きつい」「汚い」「危険」というマイナスの3Kから脱却して、これから紹介するプラス3Kをつくり出そうと努力しているかどうかということです。現実に、マイナスの3K的要素の強い職場であったとしても、それをプラスの3Kに転換する努力をしている企業は、先が楽しみな企業だと思います。

✣ 環境整備が第1のK

では、プラス3Kとは何でしょうか。順に紹介しましょう。

まず、環境のＫです。

1つは物理的な意味での職場環境。整理・整頓・清潔の３Ｓが行き届いているのはもちろん、スプリンクラーや安全管理システムなど社員のための安全対策がキチンと採られているということです。さらに、ヘルスケアなども含めた福利厚生制度の充実も挙げられます。

そして、もう1つは時間的環境。「ワーク・ライフ・バランス」という言葉が示すように、最近の若者は、仕事も大切だが同様に、あるいはそれ以上に自分の生活を大切に考える傾向があります。慢性的に残業の連続だとか、休日出勤の連続であるといった会社は若者には敬遠されます。仮に入社してきたとしても、長続きはしません。最近の統計では、大卒社員の３分の1は３年以内に辞めてしまうという数字があります。経営者としては、慢性的に過剰な労働時間とならないように年間の労働時間をマネージする必要があります。

あるソフトウェア企業では、社長自らが時間管理を厳しく行っていて、社員の残業を皆無近くにするようにしているそうです。午後６時には会社に人影がほとんどなく、社長室で社長がさまざまな構想を練りながらたった1人でグラスを傾けている姿がよく見受けられるということです。反面、私の若い友人から聞いた話ですが、毎日仕事が始まるのが7時からだというコンビニエンスストアの本部に勤めているそうです。朝ではありません。夜の7時なのです！

何かが狂っています。多分、経営者の心とシステムでしょう。

残業の多さで悪名高いソフトウエア企業でも、やりようによってはノー残業に近いシステムをつくることができるわけです。要は、経営者が「時間環境整備」についてやる気を出すかどうかにかかっています。〝残業は美徳である〟という古典的発想から脱却して、〝残業は悪徳である〟という方向に考え方の軸足を切り換えるべきなのです。長時間重視から限られた時間の中での生産性に重きを置くことが必要です。

最近では、「ビジネス・アメニティ」という言葉が使われるようになってきました。これはゆとりのある職業生活ができる労働環境を実現しようということです。基本的には、インテリジェンスビルなど快適で機能的な環境とゆとりのある時間環境、充実した福利厚生環境がそのバックにあります。

この物理的な環境と時間的な環境を含めたトータルな環境が、第1のKです。

❖ 第2・第3のKはカネとココロ

第2のKはズバリ、カネ。金のことです。

ザックリとポイントを言うと、月給やボーナスを主体とした年間報酬を他社に比べてそん色のないものにすることです。経営者としては、その額が自社が属する業界のほぼ同規模の他社の中で上位20%クラスに入るように努めることが望ましいと思います。さらに高度な目安としては、業界の平均的レベルより10％以上高くするという目標基準もあるでしょう。賞与という形で、社員の成績をカネで評価する会社もありますし、一定以上の利益をあげることができたときにはそれを社員全員で分け合うというルールを決めている会社もあります。年俸制を導入して、自分の業績をベースに自分の年俸を交渉するようにしている会社も最近では少しずつ増えてきました。

このようにカネと評価をうまくリンクさせることによって、モーティベーションアップを図ることもできるでしょう。

「人はパンのみにて生きるものにあらず」と言いますが、現実にはパン（メシ）を食べなければならないわけですから、おカネという要素を忘れてはなりません。

そして、第３のＫがココロ。これが一番難しいものですが、これから最も重要になってくるのが確実な要素です。社員が会社に行くのが楽しい、おもしろい、チャレンジしがいがある……仕事をやることが自分の勉強にもなる。社員がそう信じて、自己実現できる環境を整えておくことが必要なのです。イヤイヤモードではなく、ワクワクモードで会社生活を送れるという環境整備が経営者の最重要な役割の１つと言えます。

❖ビジョンに向けて努力する姿勢が必要

さて、この３Ｋ、現在実現できていなければ絶望！　というわけではありません。実現しているに越したことはありませんが、できていなくても、こういう会社にしようと経営者が努力をしていて、それを社員が理解し納得しているという状況でありさえすれば、とりあえずは救いがあると考えてよいでしょう。結果を出していないのがマズイのではなく、結果を出すための努力をしていないのがアカンのです。

目先に不平不満や頭痛のタネがワンサカあったとしても、トンネルの先に一筋の光明が見えれば、人間は希望を持って耐えられるものです。

『三国志』で有名な曹操《そうそう》のエピソード。

南陽の張繡《ちょうしゅう》が許昌を襲わんとしているという報を得た曹操は、自ら討伐軍を率いて駆けつけました。河南の伏牛山脈を越えるときにのどの渇きで兵士がバタバタと倒れ、不平不満がピークになりました。

そのとき、曹操はこう言いました。

「この山を越えれば梅林があるぞ！」

水がなくとも梅の実をかじれば喉の渇きは癒されます。そう思った兵士は元気になりました。

そのときの曹軍にとっての一筋の光明が梅林、企業にとってはこれからプラス３Ｋにもっていくというビジョンがそれに当たります。これが社員一人ひとりに明確な共通認識となっている会社は、それだけでも優れた会社に近づいていると言えます。

マイナスの３Ｋがはびこっているという会社の経営者は、社員にプラス３Ｋに向けて努力していくと宣言すべきです。不平や不満、悩みは解決の兆しがあればかなり収まるものです。社員全員でプラス３Ｋにしようというムードが生まれてくるでしょう。

プラスの３Ｋ、特にココロのプラスは時とともに業績のプラスに結びつきます。

企業は儲けて、役に立たなければ生きている資格がない

❖ 企業は役に立たなくては……

以上、勝ち残る企業の条件について述べました。①売上高（S）がある程度のスケールを持ち、しかも傾向として伸びている、②収益性（P）が高く、しかも改善・上昇傾向にある、③身の丈相応の社会（C）貢献をしている、④プラス3Kで社員（E）の幸せに貢献している――ということになります。

アメリカの作家レイモンド・チャンドラー（1888〜1959）は、『プレイバック』という作品の中で、「男は強くなければ生きていけない。優しくなければ生きていく資格がない」と喝破《かっぱ》しています。それをもじって私は、企業はかくあるべきだとよく言っています。

「会社は儲けなければ生きていけない、役に立たなければ生きている資格がない」

「儲けなければ……」というのが、4つの条件のうちの売上高（S）と利益（P）で、「役に立

たなければ……」というのが社会（C）貢献と社員（E）の幸福の実現ということになります。これらを果たした先には「株主満足」という企業の究極の責任の実現があります。株主満足は「目的」であると同時に「結果」なのです。

私の説にこだわらなくても、高収益企業は、すべからく何らかの形でお役に立っている存在です。

こういう〝強くて役に立つ会社〟をつくり上げる原動力であり、最終責任者であるのが社長なのです。

第2章

勝ち残る企業になるための勘所

押さえておきたいツボ

❖ SPCEを生み出す要因

自分の会社が〝勝ち残る企業〟かどうかをチェックするのには、SPCEの4つの条件――つまり、売上高（S）、利益（P）、社会（C）貢献、社員（E）の幸せへの貢献が実現されているか、あるいは実現に向かっているかどうかを自分の胸に問うてみればいい、という私の考えは前章で紹介した通りです。

しかし、この4つの条件は視点を変えてみると、「勝ち残る企業の条件」というよりは、勝ち残っている企業に共通して見受けられる結果であり、現象であるといった見方をすることもできます。原因説に立つか、結果論を採るかの差です。おそらく両方とも見方の違いがあるだけで、それぞれ正しいのでしょう。

そんなことを考えているうちに、モノゴトを整理し、単純化し公式化するのが好きだという、私の中に潜んでいる経営者としての感覚のムシがうずきだしました。そのとき以来、国内外の勝ち残り組とおぼしき企業を意識的に観察し、共通項はないものかと探るようになってきました。

ところで、『エクセレントカンパニーを創る』（ヒックマン＆シルヴァ著・講談社刊）によると、『フォーチュン』誌が企業ランキングづくりに用いている尺度は次の８つのポイントだといいます。

①　経営の質
②　製品とサービスの質
③　技術革新の先端度
④　長期投資先としての価値
⑤　財務内容の健全性
⑥　優秀な人材を魅きつけ、開発し、定着させる能力
⑦　地域社会や環境に対する責任
⑧　資産の運用法

この8つのポイントのすべてで、それなりの評価が得られるようにすることが、フォーチュン・ランキングに登場するためには要求されるわけです。

この尺度は、企業評価のランキングづくりという性格上、様々な角度から企業を捉えていて参考になると思います。しかし、判断するに当たっては曖昧なところも多いというのも正直なところです。たとえば、何をもって経営の質や製品・サービスの質がいいと言えるのでしょうか。各企業が各項目の判断基準を明確にすることを前提にするのであるならば、この尺度をそのまま活用してもいいかもしれません。しかし、もっと簡単に判断する尺度がないものでしょうか。

❖ 勝ち残り企業に共通する3つのP

私は、自分がこれまで勤めてきたシェル石油（現・昭和シェル石油）や日本コカ・コーラ、ジョンソン・エンド・ジョンソン、フィリップス、ホールマークといったグローバルに事業展開しているいくつかの企業に加え、8年間にわたってアドバイザリーボードメンバーを務めた住友商事などでの体験を中心に国内外の勝ち残り企業を観察した結果、加えて経済同友会はじめ公的私的な会合で知り合った優れた経営者の発想、古今東西の名著などの助けを借りて、〝勝ち残り企業〟の根本要件を分析してみました。そして私なりの結論を導き出しました。結論は案外、常識的なものでした。

それは、「経営理念・哲学がある」（philosophy）、「生きた計画を立てている」（plan）、「社員を育て正しく扱っている」（people）です。その頭文字はいみじくもすべてＰです。そこで、〝優れた会社の根本要件の３Ｐ〟と呼んでいます。

まず、第１のＰはフィロソフィー。良い企業、長寿の会社には共通して、企業理念や経営哲学、企業文化といったものが存在します。もっとも、そういったものがただそこにあるというだけでは意味がありません。企業理念や経営哲学が意味のある形で存在していることが必要になります。理念や哲学に意味を持たせるためにはいくつかの条件があります。

私はその条件を、

①　理念・哲学が成文化されている

②　まず全社員に周知徹底している、社員の腑に落ちている

③　次に、社員以外のステークホルダーに発信して一定の理解を得ている

④　ワーキングツール（working tool）として実際の仕事に生かされている

⑤　定期的に評価され、必要に応じて改訂されている

以上の5つのポイントではないかと思っています。これらが揃っていてはじめて、理念なり哲学なりが本来の威力を発揮するのです。

理念・哲学に続いて重要なPはプラン・事業計画・成長戦略があるかどうかです。企業に事業計画や戦略があるのは当たり前ではないかと思われるかもしれませんが、形だけの計画があってもそれでは画餅《がべい》にすぎません。あくまで「生きた」計画が必要なのです。

では、生きた計画とはどんな計画でしょうか。

生きた計画を立てるためには、次の5つのポイントがあります。

① 長期・短期のバランスをとる
② 計画づくりに（限定された数の）社員を参加させる
③ 計画を全社員にキチンと伝え、正しく理解させ納得させる
④ 計画が現場での実行に結びついている
⑤ 実行の結果が評価されフィードバックされている、ＰＤＣのＣが利いている

この5つが実現しているかどうかが、生きた計画になるか死んだ計画になるかの別れ道になります。

３つ目のＰが社員（ピープル）になります。経営者が社員に対してどう認識しているか、社員をどう育て、どう扱っているか、ここに注目したいと思います。

具体的には、トップが社員を会社が業績をあげるための「短期的な道具」として見ているのではなく、会社にとって大切な「長期的な資産」として見ているということです。こういう視点で社員を見ていると、社員に対する態度も自ずから変わってくるものです。たとえば社員の「資産価値」を高めるための投資としての教育・訓練にも自ずから力が入ってこようというものです。なお、社員に対して「機会を平等」に与え、「処遇は公正」に行うことができるような社内のしくみづくりも重要になってきます。

次に、なぜ３Ｐが必要なのかを、それぞれについて具体的に検討してみましょう。

企業理念・経営哲学はなぜあった方が好ましいのか？

❖ あるエピソード

エジプトで3人の労働者が炎天下で汗をかきながら大きな石を運んでいました。

通りかかった1人の旅人が、何をしているのかと疑問に思って、尋ねてみました。

「何をしているの？」

すると1人目の労働者は額の汗を拭きながらこう答えました。

「この石をあそこまで運んでいるんだ。見ればわかるだろう」

2人目の労働者はこう答えました。

「あっちをご覧。建物をつくりかけているだろう。あの建物をつくるための材料を運んでいるのさ」。おそらくスフィンクスかピラミッドのことでしょう。

3人目の労働者は、目を輝かせながら胸を張って、誇らし気に言いました。

「私はいまエジプトの文化を築く仕事の一翼を担っているところである」

この３人の中でだれが一番いい仕事をするでしょうか？　おそらく、３人目の労働者でしょう。これは1つのたとえ話にすぎません。しかし、同じ仕事をしていても、この話のように闇雲に言われたことだけをやっている人もいれば、やっている仕事についてレベルの違いはあってもそれなりの意義や意味を認めながら行っている人もいます。

自分のやっている仕事に全社員がそれなりの意義と意味を認めている――そんな会社はとりあえず強い会社と言えます。わが社は何のために存在しているのか？　われわれは何のために仕事をするのか？　企業の使命、レーゾン・デートル（存在理由）をハッキリさせるのがフィロソフィー（哲学）に他なりません。

人間はそれほど強いものではありません。モノゴトがうまくいっているときはいいですが、うまくいっていないときには、「基本的にわが社は何のために存在していて、どういう責任を果たす必要があるのか」を知って、全社員の気持ちをグッと1つにまとめるような太く強い絆のようなものがあるかどうか。これは重要なポイントとなってきます。いわば求心力としての機能を果たす企業理念があるのとないのとでは、アゲインストの風（逆風）に対する企業の耐久力と抵抗力に大きな差が出てきてしまうものです。

❖ 企業文化は業績に反映する

アメリカで聞いた話ですが、こんな調査があったそうです。

30社の中堅企業を選びました。その30社には共通的な特徴がありました。会長（CEO）や社長（COO）などトップが企業哲学とか理念をつくることが大切だと心から信じて、それを社内で築き上げようとしている会社だったのです。

さらに、同様な規模と業界の会社を別に30社選びました。こちらはトップが、会社は儲けさえすればよい、企業理念や哲学などムダだという考えを持っている企業でした。

この両グループについて10年間の業績追跡調査を行ったわけです。すると、おもしろい結果が現れました。前者の企業理念必要グループの年平均の売上高伸び率は14％でした。一方、後者の企業理念不要グループの年平均売上高伸び率は３・４％に過ぎませんでした。このことは何を意味しているでしょうか。企業理念の有無によって、業績にも大きな変化が生じてくるということです。この差はなぜ生まれるのか？

〝人は大きなことを信じたときに大きな仕事をする〟からです。

企業理念・経営哲学の定着は行動が肝要

❖『我が信条』が行動指針

１８８６年創立という１２０年以上の歴史を誇る、アメリカでも老舗の会社であるジョンソン・エンド・ジョンソンには、『OUR CREDO』（アウァ・クレード――『我が信条』）があります。これは60年も前にできあがった企業理念です。世界60数カ国に約１６０社強の関連会社を持つ、グローバルな企業グループであるジョンソン・エンド・ジョンソングループの、重要な思考と行動の指針となっています。

『我が信条』が初めてカタチになったのは１９４７年のことでした。以来、信条検討会議で何回か書き直されて、だんだんと現在のモノになってきました。巨大な企業グループですから、当初の信条の内容と、〝あらまほしい〟企業思想や行動とのギャップが時代とともに生じてきてしまいます。そこで、信条検討会議を世界のグループ企業の社長とともに定期的に行うことになったわけです。基本理念の内容は大きく変えられたことはありませんが、社会的使命を確実に果たしていくために、言葉を補ったり、言葉を置き換えたりしました。

『我が信条』が単なる言葉ではなく、行動を伴っているのは、こうした改定作業を通じて世界各国にあるグループ企業が真剣に自分のものとしたからです。

『我が信条』は大きく分けて４つの項目から成っています。

① 消費者――わが社にとって一番大切なのは、消費者に対して責任を果たすことである。
② 従業員――次に大切なのは、社員に対する責任である。
③ 社会――3番目に大切なのは、地域社会および世界社会を含む社会に対する責任である。
④ 株主――以上の3つの責任を果たせば、株主に対する責任は自ずと果たすことができる。

こうした明確な形で企業理念が理解されていれば、社内の議論も大方の場合、ある程度のメドがつくものです。同じ価値観という土俵の上に立っているわけですから、利害の対立によって不毛の議論が延々と続くことも少なくなります。結果として仕事の生産性は高まります。

実際に、議論をしていても、コンセンサスが得られないときには、誰かが「『我が信条』に照らしたら、これはどう判断して決定したらいいだろうか？」と言い出す雰囲気と習慣が醸成されていました。そして、十中八、九は『我が信条』の中に答えそのものか答えを導くための糸口を見つけ出すことができました。

「コンフリクト（対立）がある場合は、消費者にとっていいことは何か、を第一義として決める。次には社員のため、そして社会のため、が株主に対して良いことをするよりも優先する」と重要な項目と優先順位をハッキリ決めてあるのです。これが正しい考え方であると、ジョンソン・エンド・ジョンソンに勤めていたとき、私は心から信じていました。もちろん、いまでもその確信は微動だにしていません。

❖私のつくったビジョン

私は世界共通の経営理念である『我が信条』に従って、日本におけるジョンソン・エンド・ジョンソンの会社としてのあるべき姿をこんなビジョンにして提示しました。

品質が高く、コストが低い
すべてのアクションが速い
社員の問題意識が強い
会社に対する誇りが高く、仕事を通じての達成感と自己実現感が十分にある考え方と行動は『我が信条』の原理原則に沿っている。
――これらの特徴を基盤とした、専門家の支持を得た消費者商品を扱うヘルスケア・カンパニー、これがジョンソン・エンド・ジョンソン株式会社である。

8年にわたってこのビジョンの浸透に努めて、基盤ができたところで、自分自身の次の夢を実現するために社長職を辞しました。『我が信条』というベースが根底にあったとはいえ、こうしたビジョンが徹底するには、やはり少なくとも10年以上はかかると思った方がいいようです。一夜で出来上がったものは一夜にしてつぶれてしまいます。

さて、『我が信条』が一番大切なものを消費者としているのは当然としても、2番目に社員が来ているのを意外に思われた人もいるのではないでしょうか。アメリカ企業の場合、株主重視というイメージがあまりにも強いからです。しかし、アメリカ企業でも本物の企業では社員を重視しているというのは第1章で述べた通りです。

1990年代の苦境を見事に克服して立ち直った情報産業の雄であるIBMでは、「我々の成功の秘訣は3つある」と言い切っています。その第1は「顧客に対して常に最善のサービスを提供すること」、第2が「社員一人ひとりを尊重すること」と、ジョンソン・エンド・ジョンソンと基本的には同じです。コンピューターメーカーであるヒューレット・パッカードも、自社の企業理念である「ヒューレット・パッカード・ウェイ」で、「社員を一個の人間として尊重する」と謳っています。１００％アメリカ系の企業でも、良い会社は日本の勝ち残り企業と同じような発想を持っているわけです。

その意味ではエクセレント・カンパニーの企業理念から生まれた企業文化はボーダーレス（国境を超越している）であると言ってもいいでしょう。

❖企業理念醸成の３つのＫ

ところで、私が10年間にわたって勤めていたことのあるコカ・コーラという会社の理念の大本は、「清涼飲料水を消費者に売る会社」ではありません。コカ・コーラが使命としているのは、「爽やかさを人間に提供する会社」であることなのです。同様に、ＩＢＭの使命はコンピューターを売ることではなく、「人類の情報の質を高める情報産業」であるというふうに考えています。なお、ＩＢＭを情報産業の雄に成長させたトーマス・ワトソン・ジュニア（１９１４〜１９９３）は、「世界のどこの会社にも負けぬ最高の顧客サービスを提供したい」として、「社員が何をやるにしても最高の実力を発揮するように期待し、要求する」と強調しています。こうした考え方を社員一人ひとりが認識して、実際の仕事に反映している会社、ひいてはそれが企業文化にまで育っている会社こそ、「勝ち残る企業」なのです。

企業理念・経営哲学は、キチンと成文化され、社内にあまねく徹底され、実際の仕事にそれを生かすことができるワーキング・ツール（仕事上の道具）となっていなければ、どんな立派な説得力のあるものであっても「仏つくって魂入れず」となってしまいます。

考え方の段階として企業理念があります。これはいわば「ココロ」です。これを「紙」に書きます。そして、社是とか社訓として実際の「行動」に移します。これが社内に定着すると、社風が生まれます。企業の中に社風という風が吹きまくると、そこには企業文化が生まれます。ココロから紙、行動へと移っていくことが、企業理念・経営哲学の重要な流れ。企業理念醸成の３Ｋなのです。

社風とか企業文化として、企業理念・経営哲学をシカと社内に定着させるのは、おそらく10年とか20年がかりの仕事になるでしょう。そのつもりでやらなければ、腰の据わった企業文化は生まれはしません。ただし、モノゴトには何事も〝初め〟というものがあります。いつかの段階で、誰かがそれを始めなければなりません。種を蒔かなければ芽は出ませんし、花は咲かないわけですから、いつか始める必要があります。

もし、あなたの会社に確たる企業文化や社風がないようでしたら、種を蒔くべき日は今日なのかもしれません。

企業文化は大きく育てる

❖企業文化を育む必要性

マッキンゼー&カンパニーの取締役だったマービン・バウワー（１９０３～２００３）は、企業文化を「私たちが会社の中で仕事をするときのやり方」と定義したといいます。これも１つの考え方でしょうが、私の考える企業文化とは、もう少し理念寄りのものです。社員が心から納得した上で、１つの目標に向かっていく指標であり、行動指針でもあるからです。

たとえば、ジョンソン・エンド・ジョンソンでは、消費者にとって最高のサービスを提供することでその責任を果たそうとしています。そのために社員がゆとりを持って仕事ができるように待遇を考え、最高のサービスができるような能力を身につけるための教育訓練に熱心です。こうした本業を通じた社会貢献はもちろん、本業以外の面でも前述のように、社員一人ひとりを巻き込んだ形で社会貢献を行っています。なによりも、こうした努力を持続し続けていくことができるのは『我が信条』を核とした企業文化がそれなりに育っているからです。言い換えれば、企業文化は、経営戦略や戦術にまで影響を及ぼすほど大きなものだということになります。

企業文化を育むには、企業理念・経営哲学が重要なのは言うまでもありませんが、その場の思いつきで経営理念をつくればいいというわけではありません。企業の歴史の中で意識的に育んできた社風の芽とでも言うべきものを大きく育てていくことが重要なのです。

❖インターナル・オーディット

アメリカの著名ハイテクマーケティングコンサルタントであるレジス・マッケンナはその著書『勝利の本質』（三笠書房刊）で、コンサルテーションをするにあたって、企業の「魂」を探るインターナル・オーディット（internal audit）という方法を紹介しています。企業の内部の動きを調べて、その企業を本当に動かしているのは何か、内部で互いに悪影響を及ぼしている部門はないか、などを調べるというものです。

具体的には、5～6人の幹部に会って、ダイレクトに会社の歴史、製品、市場、ライバル企業、目標などについて概括的に質問して、情報収集します。こうした活動を通じて、「経営陣内部の意見の不統一や対立関係、あるいはその会社の将来性が手にとるようにわかってくる」ものだそうです。
参考のために、その質問項目の例を紹介しましょう。

- あなたの会社はどんな仕事をしていますか？
- あなたの会社の市場はどんな状況ですか？　それは成熟市場ですか？
- あなたの会社の長所と短所は何だと考えますか？　それは技術面ですか？　財政面あるいは社風ですか？　それとも他の面ですか？
- 世間ではあなたの会社の長所や短所をどう考えていると思いますか？
- ライバルはどの会社ですか？　その会社の長所と短所は何ですか？
- 近い将来および長期的にあなたの会社はどの方向に向かうと思いますか？
- 市場で成功するためには今後何が必要だと思いますか？
- 市場のさまざまな分野で、自社の戦略を実行するのに、どのくらい時間がかかりますか？
- 市場をめぐるトレンドは何ですか？
- 市場のさまざまな分野に、会社の資産のそれぞれ何％を注ぎ込みますか？

質問自体はそう問題ではなく、むしろその質問を発することにより生ずる反応によって、さまざまな要因を知ろうというわけです。

あなたも、自分の会社の歴史や社員たちの行動などから、あなたの会社の「魂」を探り出してみてはどうでしょうか。その魂の中から最も望ましくて、あなたの哲学とも合致しているものを企業理念とするわけです、もちろん、社員たちを自然な形で巻き込みながら……。そうした行動の中から生まれた理念・哲学は、しっかりとした根を持ったものとなるでしょうし、そこには時の経過とともに立派な企業文化という実がたわわに実ることでしょう。

長期と短期のバランスはとれているか？

❖ 長期計画を達成するための短期計画

著名な経営学者である故ピーター・F・ドラッカー（1909～2005）は、「優秀な経営者と凡庸な経営者の差が1つある。それは何かというと、優秀な経営者は長期と短期の計画のバランスをとることができる」とその著書『マネジメント』（ダイヤモンド社刊）の中で述べています。GE（ゼネラルエレクトリック）の前会長ジャック・ウエルチ（1935～）も企業について同様の趣旨のことを言っています。一見簡単そうに見えても、それだけ長期計画と短期計画のバランスをとることは難しいというわけです。

実際に、5年後、10年後のビジョンは一所懸命に語って非常に説得力のある経営者が、今年の売上や利益を出すための計画と実行能力についてはまことにおぼつかない、などというのを垣間見たこともあります。逆に今年の売上や利益、営業活動などは緻密で、社員や顧客、社会に対する責任もそれなりに果たしているような経営者が、5年先の会社の姿を描き出すことができなかったりします。長期計画も短期計画もそれなりに存在しているにもかかわらず、その両者にまったく整合性がないというケースもたまにあります。

いずれの場合も長期と短期のバランスがとれていない典型的な例です。

長期計画があって、その道程の一里塚として今年の計画（短期計画）があります。マラソン選手は、上り坂、下り坂、平坦地、追い風、向かい風、折り返し地点のカーブ……といったゴールまでの道筋を分析して、いくつかのスプリットをそれぞれどれくらいのペースで走るかを考えます。それはあくまでもゴールと時間軸を念頭に置いた上でのことです。経営計画でも同じように、長いマラソンの最終地点に到達するための、定めた方向に向かって短期の配分ができているということが大切なのです。そのような短期計画こそ長期計画との整合性を持った短期計画と言えます。

どんなに優れた短期計画でも、ゴールと方向が違えばいい結果が出るわけはありません。方向が違っていれば、たとえ短期計画をパーフェクトにクリアしたとしても、長期計画の実現に大きな回り道をせざるをえないということになってしまうでしょう。また、はなはだしい場合には、長期計画の実行にマイナスの結果を及ぼすことさえあり得ます。長期計画と短期計画の整合性が重要なゆえんです。

戦術の失敗は戦略で補うことができますが、戦略の失敗は戦術では補えません。優れた企業を見ると、やはりしっかりとした短期プランの積み重ねとしての長期プランがそれなりにバランスを保っています。

❖ マネージング・フォー・ザ・ロング・ターム

私がアメリカで働いていたころ、こんな会社がありました。従業員数７００名くらいの中堅企業でしたが、長期経営計画なるものがちゃんとありました。ところが、その計画がどうつくられたかというと、大いに問題がありそうでした。それは、社長と財務部長が２人で額を付き合わせて、「この商品は過去数年間、こう伸びた。だから、こう伸ばそう。これはこうだから……」といった具合だったからです。これでは「計画」というよりは過去の伸びの延長線を描いただけの「計算」に過ぎません。プラン（計画）ではなく、プロジェクション（投影）です。少なくとも主要なポジションにいる社員数名の関与と参画を伴った形で、中長期戦略計画が真剣な議論を経た上で、つくられていなければなりません。

これに関して、ジョンソン・エンド・ジョンソンには、キャッチフレーズと言ってもいいような表現があります。

「マネージング・フォー・ザ・ロング・ターム」（managing for the long term　長期的観点

からマネージする）が、それです。

長期ビジョンを反映した我が社の〝あらまほしき姿〟を描く。そして、その姿に沿った短期計画を設計する――これが洋の東西を問わず、勝ち残る企業の重要な条件の1つと言えます。

原点に戻って考えれば、企業には基本的価値観や〝あらまほしき姿〟を示した理念やビジョンがあり、ビジョンに沿った目標があります。さらに、その目標を達成するための大ワクとしての「ヤルコト（what）」に該当する戦略があり、戦略遂行のための具体的な「ヤリカタ（how）」としての戦術があるのです。

ビジョンなしに、目標や戦略、戦術を追い求めている企業は、自分が生きる上での目的・目標を考えずに日々を送っている人間のようなものです。あまり充実感の高い人生とは言えません。「生きるために食う」と「食うために生きる」との間には、月とスッポンほどの差があるのです。まずは、「何のために生きるのか？」という問いに対して、自分なりの答えを出すことです。

経営計画を生きたものにするには社員の関与が不可欠

❖ 計画をマイ・ベイビーにする

勝ち残る企業を創るためには、しっかりした事業計画が必要なことは言うまでもありません。しっかりした計画とは、私の言葉で言えば「生きた計画」ということになります。業績改善のために役に立つ、効果的な計画のことです。

それでは、生きた計画とはどうしたらつくることができるのでしょうか。

まず、第1点は前項で述べたビジョンに基づいて、中長期計画に沿った短期計画が立てられており、しかも両者の間にバランスがとれているということです。そして、計画を策定するに当たって社員の関与（エンゲージメント）を伴った「本音の議論」を重視するということが挙げられます。

社長と経理部長の2人だけで計画を立てても、でき上がりがたとえどんなに見てくれはよくとも、生きた計画にはなり得ません。少なくとも業務を遂行する上で各々の機能を分担する社員の積極的な関与がなければ、でき上がった計画は絵に描いた餅で終わってしまいます。「関与がなければアカンヨ」と言いたいのです。計画とは、現場のナマの声を反映すべきものであり、そうでない計画は現場と遊離した、トップの独りよがりになってしまう危険性があります。社員が計画づくりに参加することによって、その計画は実際に計画を実行に移す役割を担う社員にとって、「マイ・ベイビー」となるのです。可愛い我が子のような感覚で、計画を自分のものとして大きく育んでいく気持ちが湧いてきます。そこには当事者意識とコミットメントが生まれます。コミットメントとは、〝死んでもヤッタルデ！〟という強い決意のことです。

❖計画に対する正しい認識を共有する

関与の次は、でき上がった計画を「全社員にキチンと伝える」ことができているかどうかが挙げられます。どんなに素晴らしい計画ができ上がっていても、それが全社員にコミュニケーションできていなければ、計画は存在しないのと同じことです。計画を実現させるためにはトップや上級管理者だけでなく、社員全員が一致協力しなければならないからです。

3年後、5年後に会社はどういう方向に向かっているか？　そのためには、どういう走り方をすることが必要なのか？　などをキチンと伝えておきたいものです。〝キチンと〟とは、〝説得性と納得性〟が高いということです。ただし、計画のすべてを微に入り細にわたって社員に知らしめる必要があるというわけではありません。製品を作る原材料の仕入コストまでを一般社員に知らせる必要はありません。

あくまでポイントとなるのは会社の大きな「方向性＝理念＋目標＋戦略」を示すことです。そのことによって、社員の中に共通の方向感覚を醸成して、社員の価値観やベクトルを合わせて一定方向に向けることができるのです。

キチンと伝えるということは、社員に計画を「納得させる」ことが重要になってきます。これが案外難しいのです。しかし、計画は社員に納得されてはじめて意味を持つものです。したがって、納得させるための努力が要求されます。納得とは、〝腹に落ちる〟〝腑に落ちる〟ということです。人は説得で動くのではなく、納得で動く生き物なのです。

そもそもコミュニケーションとは、大抵の場合、10の内容を伝えたつもりでも、相手には2か3しか伝わっていないのが普通のことです。はなはだしい場合には伝えた内容が、まったく逆の意味に理解されてしまうことすらあります。

正しく理解して納得してもらったと確信できるまでは、機会を捉えて何度でも反復して話す。時には質問して、社員の反応を引き出してみる。あるいは質問させる機会を与えてみる。何を伝えたかではなく、実際に何がどう伝わったかが重要なのです。

次に、「計画が実行に結びついている」かどうかを挙げましょう。計画は実行されてはじめてナンボという意味を持ちます。どんなに上手に描かれた餅でも、絵に描かれたものは食べることができません。計画を実行するための仕組みをつくりあげることが、計画を生きたものにするための仕上げ工程と言えます。計画を立てて実行が伴わないことを、ズバリ、「計画倒れ」と言うわけです。

そして最後は、計画を実行に移した結果が「評価され、評価の内容が関係者全員にフィードバックされている」というダメ押しが必要です。ところが、現実の姿を見るとこれがキチンとできているという会社は非常に少ない。せいぜい5％程度に過ぎません。

① 長期計画・短期計画のバランスがとれている
② 計画づくりに社員を関与させる
③ 計画を社員にキチンと伝え、正しく理解させ、納得させる
④ 計画が実行に結びついている
⑤ 実行の結果が評価され、その内容が関係者にフィードバックされている

この5つのポイントを満たしていれば、その計画は生きた計画と言うことができるでしょう。

そうでない場合には、〝要注意！〟です。この各ポイントについて、あなたの会社の計画を評価してみてください。もし、〝これはアカン！　できてない！〟という点があったら手直しをしてください。

最重要な経営資源は「ヒト」である

❖ヒト・モノ・カネ以外の経営資源

ヒト・モノ・カネは昔から経営資源と言いならわされてきました。会社を動かし、発展させていく源がこれらだというわけです。英語で言えば、マン（man）・マテリアル（material）・マネー（money）の３Ｍになります。

私はこの３ＭにＴも加えたいと思います。すなわちタイム（time）、時間のＴです。たとえば、売上目標が１００億円だとします。これを1カ月で売るのか、1年で売るのか、10年で売るのかでは、労力に月とスッポン、刷毛《はけ》とハゲほどの差が生じてくるでしょう。また、仕事を依頼するときも、「いつまで」と期限を区切るのが普通のこと。「そのうちやっといて」という指示の仕方はありません。よく大事な仕事は忙しい人に頼めと言います。忙しい人ほど、時間の使い方が上手で、短期間で完成度の高い仕事をするケースが多いからです。時間は使い方によっては密度の高いものになるわけで、その意味でも時間を貴重な資源と意識しているかどうかで、結果に大きな開きが出てきてしまいます。時間は貴重な経営資源なのです。

Tといえば、テクノロジー（technology）のTも忘れてはなりません。技術力とか開発力の重要性は、それが競争力にモロに響くメーカーならずとも、最近では実感させられる場面が多いものです。ＯＡしかり、ＰＯＳしかり、ＳＩＳしかり……経営者は広義のテクノロジーの動向に敏感に反応して、それを自社の経営資源として取り込むことが重要になりつつあります。

システム（system）のSも重要です。経営システムとか人事システムとか、情報システムとか……、目に見えない資源、ソフトウェアと言えます。

そして、もう1つのS。スペース（space）です。バブルの時代と比べればかなり下がったとはいうものの、東京では依然として地価や家賃が高く、バブルの時代には宮城《きゅうじょう》を売ればカナダ一国が買えて、東京都全体を売ればアラスカとハワイを含んだアメリカ全土が買えてその上におつりがくるという冗談が流行ったことを思い出します。

これほど土地が高いということは、その上に建った建物の家賃も高くなるのは当然のことです。「日本のスペース代が高いのは非関税障壁の1つだ」と、アメリカ講演などのときに、彼の地のビジネスマンが冗談半分ながら半分は本音を込めてボヤクのを一度ならず聞いたことがあります。もっとも、最近では東京の土地を中国人が買い漁っているという話もよく耳にします。

I（アイ）は男女の仲はもちろん経営にも重要な要素である――「組織にKISSを！」という言葉があるくらいだから当然です。ちなみに、組織へのKISSとは、キープ・イット・シンプル・スチューピッド！（Keep it simple, stupid! バカもの、単純化しろ！）ということです。アイは愛ならぬインフォメーション（information）のIです。企業戦略をつくるときの糧として情報をどう活用するか。これが経営の死命を制することがあり得るのです。

忘れてならないもう1つのI（アイ）。それはイメージ（image）です。

ベンチがアホやから野球はでけへん……この名言（？）は元プロ野球選手で後に参議院議員になった江本孟紀氏の発言とされています。ところが、この発言、本人はした覚えがないというのです。

『引退そのドラマ』（近藤唯之著・新潮文庫）では、「私が（阪神を）やめたあと、それとなく調べたら、あのセリフを耳にしたという新聞記者はひとりもいないんですから不思議な話ですねぇ」という江本氏の発言を紹介しています。しかし、引退した後でいくら否定しても、現在でも江本氏を語るときには、「ああ、あのベンチがアホやから……の」という枕言葉がついてしまいます。これほど、一度染みついたイメージというのは拭い取るのが難しいものなのです。イメージは一つ間違うとダメージになるのです。

企業イメージ――企業が社会から、取引先から、消費者から、どう見られているか？　企業に対するイメージはその企業の製品やサービスに対する信頼度につながるもので、どんなに重要だと言っても言い過ぎではないほど重要な要素と言えます。

ところが、このイメージという代物は実に厄介で、つくるには何十年かかっても、壊すには一夜で十分なのです。最近でも、オリンパス、王子製紙、ＡＩＧ、東京電力、まだまだあります。

❖視点を変えればヒト・ヒト・ヒトこそ最大の経営資源

ヒト、モノ、カネ、時間、技術力、システム、スペース、インフォメーション、イメージ……以上欲張って９つも経営資源を挙げてしまいました。でも、「わが社の経営にはこの９つのうち、これとこれはまったく関係ない」と言い切れる経営資源がこの中に１つでもありますか？ちょっと考えてみてください。恐らく、程度の差はあっても、この９つの経営資源のすべてを活用して経営を行っていることでしょう。

それでは、これらの経営資源の中で最も大切な資源はどれでしょうか？

心ある経営者であれば、例外なしに最初のＭ、マンだと答えてくれるでしょう。人である、社員である、人財であると言うでしょう。技術でも、情報でも、システムでも、これらのものをすべて使いこなして、所期の目標を達成して成果をあげる原点は人にほかなりません。会社を動かしている中心的な存在は、人です。社員です。人財です。「経営資源はマンにはじまりマンで終わる」という考え方だって成り立つのではないでしょうか。

ところで、すべての経営資源は有限です。限られた資源を使いこなして、ベストな結果を出すためには、有限な資源を何にどう使うかというやりくりが必要となります。やりくりするということを英語では〝マネージ（manage）〟と言います。したがって、マネージャー（manager）とは、日本語に置き換えると「やりくり人」ということになります。そのやりくり人の頂点に立っているのが社長なのです。社長とはやりくり集団の親方なのです。

社員は資産である

勝ち残る企業の際立った特徴

勝ち残る企業には、人財が多いように思えます。そして、経営者の社員に対する扱い方に2つの共通した特徴があります。

まず、第1の特徴は社員に対する考え方です。社員を短期的な目標を達成するための便宜上の道具としては扱っていません。私の好きな表現で言えば、「長期的な視野に立った資産」として社員をみなし、扱っているのです。

そして、第2の特徴は、資産である社員の資産価値を高めていこうという努力をしていること。資産を上手に活用してその価値以上のメリットを生み出すのが経営です。社員が資産であるとするのならば、その価値を高めていかなければ、資産はいつの間にか負債となって、経営の足を引っ張るマイナス要因と化してしまいます。

では、社員の資産価値を高めるにはどうしたらいいのでしょうか。これには3つの方法があると思います。第1は、「座学」の場です。オフ・ザ・ジョブ・トレーニングの機会です。座学はモノゴトの本質や原理原則を体系的に学ぶ場です。この重要度が10%。第2は「メンター」です。よき師を持つことです。「ダイヤモンドはダイヤモンドで磨かれ、人は人により磨かれる」という言葉があります。この重要度は20%くらいです。そして、第3は「修羅場」です。結果責任を伴った困難な仕事を任せるということです。この重要度が70%です。

社長が社員を資産として考えているかどうかは、レイオフの方法にも現れてきます。一般論で言えば、アメリカの経営における最大の問題点の1つは、企業があまりに容易に社員をレイオフすることです。企業の業績が不振になると、最初に行われる対策がレイオフです。レイオフは合法的な行為であり、法的には問題はないのですが、日本で一般的に考えられているような「一時」解雇とはほど遠く、実態は「永久」解雇であるケースがほとんどです。最近のGMのようにレイオフした社員を再雇用しているケースもありますが、一般的には社員を人財として捉えていない企業が多すぎると言えます。アメリカは労働市場の流動性が高いからレイオフはそれほど問題にはならないと言う人もいますが、レイオフされた当事者の心は傷つくのではないでしょうか。

日本の企業にもレイオフはありますが、そこに至るまでの過程が違います。日本の心ある経営者は経営が苦境に陥ると、まず最初に徹底的にコストや経費の削減を図ります。次に経営陣が賞与の何割かを返上したりします。このように日本の場合は通常、トップから苦しみを受けるという典型的なパターンがあります（ありました？）。その上で、非採算部門を縮小したり閉鎖して、新しい業種・業態への進出を試みることになります。また、こうした場面になっても、基本的には既存の社員が継続して働けるように新たな職業訓練を施すのが日本の企業です。また、関連会社がある場合は、社員の出向を考えたりします。こうしたステップを踏んでもどうしてもラチがあかないというときにはじめてレイオフへと踏み切るわけです。

アメリカでも、良い会社はそう簡単にレイオフはしません。かつてのＩＢＭやＧＭのようにレイオフどころか10万人、20万人単位という大幅なリストラを行ったケースはありますが、習慣的、日常的にはしません。やはり「長期的な資産」として社員をみなしているのです。

……と考えてくると、最近のソニーやパナソニックなどに見られる千人単位、万人単位の首切りはどう評価したらよいものでしょうか？　ちょっと考えさせられます。大量の首切りをせざるを得ない状況に追い込んだ経営者の責任は極めて重いと言わざるを得ません。

社員を平等に扱うな

❖ 悪しき平等主義はアンフェア

社員を平等に扱わないのが、「勝ち残る企業」の特徴です。こう言うと、「オヤ？」と思われるかもしれません。でも、それは事実なのです。

「そもそも平等でないものを、平等に扱うことほど不平等なことはない」

これはお釈迦《しゃか》様の言葉だそうです。

差があるときには、差をつけて扱うことが公正というものなのだという思想です。

私が就職先として外資系企業に目を向ける結果となったある日本企業の場合、前述のように入社14年間は「平等」でした。入社1～2年は確かに会社の足手まといでしょう。しかし、10年、14年も経てば、社員によって会社に対する功績や貢献にはかなりの差が生まれるのが当然です。なぜなら、人間は本質的に能力に差がありますし、やる気も、適性も個人によってかなり違うからです。

14年目の社員に、みな同じポスト、同じ給料を与え、横一線に並べるのは、実に平等な世界と言えます。でも、フェアでしょうか。公正と言えましょうか。

私がジョンソン・エンド・ジョンソンの社長を務めていたときに、この考え方を社員にわかってもらいたいと思ってつくったスローガンが、「機会は平等に、処遇は公正に」でした。

❖機会は平等に、処遇は公正に

教育訓練を受ける機会、本人の希望と適性次第では複数の仕事を経験する機会、上司からの助言や指導を受ける機会……などはなるべく平等に社員に与えたいものです。しかし、それを利用して力をつけ、仕事で貢献した結果に対する処遇は公正に行われます。つけるべき差をキチンとつけて評価して処遇に結びつけるという意味です。つまり、自分が与えられたチャンスをどう生かすかは、社員一人ひとりに委ねることを理解してもらうように努めました。

チャンスを社員一人ひとりに委ねた結果、優れた業績をあげた者はフェアに評価しますし、そうでない者はそれなりに正しい「区別待遇」をすることを表明したのです。

この評価に当たっては年齢も、社歴も、これまでの実績も何にも関係ありません。あくまで結果重視でいくという姿勢です。この考えを繰り返して話しているうちに社員の中にも私の真意を理解してくれる人が増えてきました。

特に日本の社会では、社歴・学歴・年齢などが必ずしも無視できない要素であることは、十分理解しています。しかし、どの社員を上位の役職に上げるか、どの社員に責任と権限を付与するかといったビジネスに直接結びつく意思決定の場面では、そのような周辺的な要素を判断の基準に据えることは避けるべきでしょう。

逆に社員を平等に扱っているなどというのは、社内の見掛け上の当面の和を保つことはできても、中・長期的に考えたならば、経営の継続的な発展の妨げになりかねません。

以前、改革開放前の中国を旅行したある経営者がこんな話をしてくれました。

その人が外国人向けのショップで買い物をしたときのことです。ある商品を欲しいと店員に言いました。すると、目の前にあるにも関わらず、店員は「それはありません」と答えたのです。その経営者は、目の前にある商品は自分の求めているものとは違うのかと思ってそのまま引き下がったそうです。

後で他の旅行仲間に聞いてみると、目の前にあっても店員の機嫌が悪いときには「ナイ」と言って売ってくれないことがママあるといいます。疑問に思って、「なぜだろう?」とその仲間に聞いてみると、「いくら売っても給料が変わらないからじゃないですか。一所懸命にわれわれに愛想よく営業している店員も、仲間と喋ってばかりでぜんぜん売る気のない店員も評価は同じだといいますよ」ということでした。

その経営者は、「悪平等は従業員の意欲を削いでしまうものですね」と溜め息をついていました。しかし、その中国でも、改革開放政策に転じてからは「万元戸《まんげんこ》」といって、自分の才覚で利益を上げている人が数多く現われました。それどころか、最近では「億元戸《おくげんこ》」が続々と生まれています。自分のやった結果が、ダイレクトにメリット（評価）につながることの強みはここにも現れています。

勝ち組に入ろうと努めている経営者ほど、社員を平等に扱わないものです。機会は平等に、処遇は公正に――この言葉を絶えず念頭に置いておきたいものです。

第3章
勝ち残る企業になるための心の持ち方

勝ち残る企業の４つの行動パターン

❖ 本業イノベーションの時代

バブルが弾けて20余年、多くの企業は改めて基本重視、本業重視へと回帰しつつあるのではないかという実感がします。経営者にとっては、これが通常の姿だと思います。ただし、本業重視と言っても、現代のような変化の激しい時代では、従来の事業だけに固執していると他社に遅れをとることになりかねません。

激烈な競争に打ち勝って成長していくためには、本業の中身を変化させながらの成長が要求されます。つまり、イノベーションが必要なのです。

企業は必然的に多角化や新規事業の展開、M&Aなどに取り組むことになります。これが実業的なアプローチです。これに対して、本業のワクを外れた行き過ぎの株売買やひと頃流行った土地転がしなどは虚業的なアプローチであり、投機と言えるでしょう。

勝つチャンスが50％以下のときに金を使うことをギャンブルと言います。言い換えれば、〝投機〟です。勝算が50％以上のときに打って出ることを〝投資〟と呼びます。本業イノベーションは、本業の強化、補強のための慎重で大胆な〝投資〟を行うということです。

❖ コツコツカツコツ

〝積小《せきしょう》為《い》大《だい》〟という二宮尊徳の言葉があります。読んで字のごとく、「小を積んで、大を為す」ということです。「十万石の収穫も、農民が日々、汗水流してつくった一粒一粒の米からなっている。だから日常の生産活動を決して疎かにしてはいけない」と強調したのです。

明治以降の日本の急速な経済近代化の成功の背景には、こうした考え方があったと言ってもいいでしょう。

どんな企業でも、長期的視点で言えば、成長していく上では、「額に汗して、少しずつ積み上げていく」という地道な努力を欠かすことはできません。そうすることによって、〝経営〟が〝継栄〟――ゴーイング・コンサーンであり続けること――に結びつくことになるわけです。残念ながら最近では以前のような勢いはありませんが、日本企業が１９８０年代までは国際的に競争力を持つようになったのには、コスト低減による価格競争力、高品質、サービスの３つの要素を時間をかけながら磨きあげてきたからに他なりません。

これらの要素はいずれも一朝一夕に築くことはできません。「コツコツと積み上げて」いかなければならないものなのです。

私がよく使う言葉に、「コツコツカツコツ」(コツコツ努力することが勝つためのコツである)があります。ウサギの瞬発力とカメの持久力を併せ持っているのが理想でしょうが、そうでないのならばカメの粘り強さを見習いたい。「コツコツカツコツ」という言葉をお贈りいたします。

こうした発想が基本にありさえすれば、投資と投機の間の「けじめ」が自ずから身につくはずです。

次に、勝ち残る企業の行動パターンについて検討してみましょう。

私なりに整理してみると、行動重視(アクション action)、基本重視(ベーシック basics)、顧客重視(カスタマー・オリエンテーション customer orientation)、差別化重視(ディファレンシエーション differentiation)の思考・行動様式が共通項のようです。頭文字をとってみると、ABCD。E＝エクセレント・カンパニー(excellent company)だけに、その前にはABCDがあるという至極まじめな言葉遊びです。

Ａ（行動重視）　前例がないからやってみる

❖おほようは、するはよきなり

『徒然草』に、「しやせまし、せずやあらましと思うことは、おほようはせぬはよきなり」という一節があります。しようかどうか迷ったことは大抵しない方がいい、という意味です。

『徒然草』の鋭い寸言に、多くの場合は共感を持っている私ですが、この言葉だけは疑問を感じます。確かに、万事ゆるやかに動いていた昔はそれでよかったのかもしれません。でも、現在のビジネスシーンでは逆に、迷ったときには迷わず（？）チャレンジした方がいい場合が多いのではないでしょうか。たとえ、失敗したとしても……。その意味では「武士道というは死ぬことと見つけたり」と言い、「死ぬか生きるかという場面に立ったときには迷わず死ぬ方を選べ」と主張している『葉隠』の方が今日のビジネスシーンにはふさわしいと思われます。

そこで私は、『徒然草』の件の一節を「～おほようは、するはよきなり」と勝手に読み換えています。悩んでいるだけではなく、時には果断に行動をとることが大切なのです。

行動重視とは、「トライアル・アンド・エラー」で構いません。ある経営者はこう言っていました。

「私は、部下が前向きに挑戦した結果の失敗については、何にも言いません。ただし、後ろ向きな行動の結果生まれた損失については、たとえ1円であっても厳しく追求します」

ある程度の事前調査を行ったら、まず、行動を起こす。その結果、それが失敗だったら、やり直せばいい。こういう発想です。自己防御的でチャンスに乗り切れなかった結果、それをリカバリーするためには、多くの場合、コストと時間を浪費することになってしまいます。

❖失敗すら奨励してしまう態度

アメリカのオレアイダ社では、積極的に研究に取り組んでもらうために、うまい手を考え出しました。それは、失敗の奨励です。うまくいかない研究を、「完璧なる失敗」と呼んでお祭り化してしまいました。完璧な失敗が生ずると大砲をドカンと撃ってお祝いするというのです。前向きの失敗ならば、失敗だって評価に値するもの。こうした試行錯誤のうちから大きな成功が生まれてくるという考え方です。

研究者の行動にゆとりを持たせることによって、成果をあげているケースもあります。何社かの研究者に話を聞いたことがありますが、彼らは正式に許可された研究テーマの他に、私的な研究テーマを持って研究に励んでいると言っていました。この私的なテーマは上司から黙認されていて、ある程度メドが立った段階で、公式なテーマに取り上げてもらうように働きかけるということです。こうした非公式であっても、可能性がありそうなテーマに挑戦するという行動重視の発想が、社内の活性化につながっているといってもいいでしょう。

『エクセレント・カンパニー』にこんな例が紹介されていました。

ある会社で、「150ドルの8ミリカメラをダイレクトメールで販売しては？」という提案がありました。当時としては、専門家10人のうち9人は反対するようなアイデアです。しかし、「どうしたらこの考えがうまくいくか、成功するための要因を考えようではないか」と肯定的にこのアイデアを検討しました。このアイデアを試してみるのには、1万ドルほどかかることがわかりました。

結局、このアイデアは成功し、収益をあげている重要な事業部門の基礎をつくってくれました。わずか1万ドルのコストを掛けて試してみるという行動をとったことによって、机上の空論を続けて、10万ドル相当分の時間を無駄にすることなしに……。

❖ 前例がないからやってみよう

何百年も続いている老舗企業でも、伝統にあぐらをかいて気楽にビジネスを行っているわけではありません、組織というものは時間が経つにつれて、ビューロクラシー（官僚主義）の弊害が知らず知らずの間にはびこってしまうものです。この弊害を避けるためには、変革への熱意と努力が必要になってきます。老舗が生き残っているのには、こうした見えざる行動が隠されているのです。ニーチェも、「脱皮できないヘビは死ぬ」と言っています。

うまく変革できない企業は、特徴的に前例重視の傾向が強くなってきます。何か新しいことをやろうとすると、「前例がないからできない」という拒否反応が生じます。これを、コーポクラシーとも呼んでいます。企業（コーポレーション）にはびこる官僚主義（ビューロクラシー）という意味です。こんな体質がはびこっているようでは、企業は低迷するばかりです。そこで、私は、「前例がないからやってみよう」という態度が大切だと思います。英語には「Think the unthinkable」（考えられないことを考える）という表現があります。

勝ち残る企業は程度の差こそあれ、「前例がないからやってみよう」精神が根づいています。そして、社員一人ひとりの行動を重視し、その結果に対してはイコール（平等）ではなく、フェア（公正）に評価しているものです。

経営者は現場に出なくてはならない

❖ 現場には新鮮な情報が転がっている

個室付き、クルマ付き、秘書付きの経営者にとって最大の危機は、情報の鮮度が落ちるということです。個室にはプライバシーが守られて、落ち着いて仕事や打ち合わせができるというメリットがあります。しかし、ＩＢＭのようにオープン・ドア・ポリシーを標榜し、「いつでも部屋に入って来て自由に意見を述べなさい」とカッコよく言っていても、現実には社員にはなかなかその勇気が出てくるものではありません。これは、ちょっと自分の若い頃を思い出していただければおわかりになるでしょう。また、自分自身でもいつしか個室の心地よさに安住して、外に出ていくのが億劫になってしまいます。

入ってくる情報は、とかく〝後追い加工情報〟となりがちです。何重にもフィルターが掛かっていますし、社員との接触が少なくなる――これでは、コミュニケーションの実質的な断絶であり、組織の現実からの遊離です。経営者は裸の王様となります。そんな状況で正しい判断や決断ができるでしょうか。

誤解していただきたくないのですが、オープン・ドア・ポリシーは大変重要な考え方ですし、一部の企業では大きな効果をあげています。アメリカのフランクリン・ルーズベルト大統領（1882〜1945）が唱えた「言論の自由」「信仰の自由」「欠乏からの自由」「恐怖からの自由」の4つの自由に次ぐ第5の自由として、「オープン・ドア」を称えている会社もあるほどです。

生きのいいナマ野菜（情報）をバリバリ食べるには、自ら畑（現場）に行くことです。ホンダの創業者である故・本田宗一郎（1906〜1991）がいつも現場にいたのは有名ですが、現場重視の空気が勝ち組企業には横溢《おういつ》しているようです。

アメリカでは、MBWA(management by walking around　マネジメント・バイ・ウォーキング・アラウンド＝歩き回ることによる経営）という言葉があります。ちなみに、ヒューレット・パッカードも、MBWAを重視していますが、こちらのWはワンダリング（wondering さまよい）。さまよい経営ということで、その意味する内容は同じです（ただし、最近のヒューレット・パッカードは経営そのものがさまよっているような気がします！）。

こうして、現場に出てお客様や社員とのコミュニケーションを密接にすることによって、生野菜を食べると同時に、社員たちのモラルアップにもつなげているわけです。

❖ MBWAで注意すること

もっとも、MBWAで現場に出るときには、注意が必要でもあります。私の苦い経験を紹介しましょう。

地方の営業所にいたころのことです。

現場サイドでは、ある取引相手から突きつけられた要求があまりにも一方的であるとの判断から相手会社に妥協を伴った代替案を出すように交渉していました。ところが、本社から取締役がやってきて、先方と話をしている際に「よござんしょう」と安請け合いをしてしまったのです。現場サイドはガックリです。さんざん苦労した結果、ようやく元の線まで交渉ラインを戻すことができましたが、その後の交渉の進展具合はご想像の通り、苦労の連続でした。社長はくれぐれも現場を無視して交渉にしゃしゃり出ることのないように。しゃしゃり出るとすれば、現場の責任者と交渉のシナリオと落とし所について事前に合意を取り付けておくことを夢にも忘れてはなりません。

経営者にとって行動的である1つの証はMBWAですが、クルマ付きの生活を少し見直すということも重要になってきます。老いは足から始まると言いますが、実際に歩いた方が健康にいいですし、いろいろと勉強になるものです。クルマにふんぞり返っているのではなく、「街に出勤」するつもりで歩いていると、さまざまな情報が自ずから目や耳に飛び込んできます。

経営者の方たちを前に話をするとき、私は、この個室とクルマに、交際費のけじめと秘書頼りの2つをプラスして、コ（交際費）・ヒ（秘書）・コ（個室）・ク（クルマ）――「コヒコク」の危険を回避するようにアドバイスしています。「コヒコク」が経営者を滅ぼすのです。

B（基本重視）　枝葉末節にとらわれてはいけない

❖基本を押さえると見えてくるものがある

こんな面白い話を聞いたことがあります。昔の話ですが、返還前の香港に中国から難民が押し寄せてきたとき、香港総督府は難民用アパートをつくって、そこに収容することにしました。ところが、この難民用アパートで、難民たちのゴタゴタやイサカイが絶えないというのです。頭を痛めた香港総督府の役人が調査のために訪問しました。すると、難民たちは、「電気が来ない」「水の出が悪い」等々と苦情を申し立てました。

どう考えてみても、住宅環境が悪いので、みんなイライラしているとしか思えません。ところが、知恵者の役人がいてこんな手を打ちました。出身地別に住む人の階を分けてしまったのです。すると、争いはウソのようにパタリと止みました。

結局のところ、ケンカの原因は水や電気といった住環境ではなかったのです。中国は地方によって言葉が違えば風俗・習慣も違います。文化が違う人たちがごっちゃに住めばトラブルがおきてもおかしくはありません。反面、強烈な郷土意識があるので、同じ地方出身者同士でグループ化したらコトは解決したというコトです。

現象面だけで捉えずに、基本を捉えることによって見事に問題を解決したというわけです。このように、モノゴトの基本を捉えることが重要だと言えます。

❖私のモノを考える上でのガイドライン

ところで、私はモノごとを考える上で1つのガイドラインを持っています。それは3つの柱からなっていますが、その1つが基本に帰ることです。それを紹介する前にそのガイドラインを自分のものにするに至った言葉を紹介しましょう。

「物の考え方というものに3つの原則がある。まずこれを知ることである。それは第1に、物を目先で見るのと、長い目で見るのと両方あるということ、目先で見るのと、長い目で見るのと、非常に違う。どうかすると結論が逆になる」

「その次に、物を一面的に見る方と、多面的あるいは全面的に見る方とがある。これもよく心得ておかなければならん。物を一面で見るのと、多面的あるいは全面的に見るのとでは、まったく逆になることがある」
「第3には、物を枝葉末節で見るのと、根本的に（基本に返って）見るのとの違い。枝葉末節に捉われる場合と、根本的に深く掘り下げて考える場合、往々にして結果が正反対にもなる。しかし、これまた同じことで、枝葉末節で見たのではすぐわかるようであって、実は混乱するばかり、矛盾するばかり。やはり、できるだけ根本に帰って見れば見るほど、物の真を把握することができる」――『活眼活学』（安岡正篤著・ＰＨＰ刊）

目先だけに捉われず、できるだけ長い目で考えること。一面に捉われず、できるだけ多面的・全面的に考察すること。枝葉末節に捉われず、できるだけ根本を把握すること。――初めてこの東洋思想の原点とも言える言葉に出会ったとき、眼から鱗が落ちたような気がしたものです。

そこで、私はこの3原則を一部順番を変えて、「多・長・根の原則」と勝手に名づけて、モノを考える上での自分の重要な原則として活用するようになりました。反対が「単・短・瑣」です。モノを単面からしか見ない、短期的にしか考えない、瑣末《さまつ》的な面しか見ない、ということで、これでは困る。やはり「多・長・根」に戻りたい。

ちなみに、私は財布の中に「多・長・根」と書いた紙を入れ、机の上にも同様の紙を貼っています。困ったことがあったり悩んでいるときなど、この紙を見て、「多・長・根、多・長・

根」と念仏のように唱えると、腰の強いシカとしたモノの考え方ができるようになります。

❖ビジネスでは「基本がキホン」

さて、企業にあっては、基本重視とはどういうことになるでしょうか。

やはり、本章の初めに述べた本業重視ということになるのではないでしょうか。ジョンソン・エンド・ジョンソンの元会長だったR・W・ジョンソンは、「自分でどうやったらいいかわからないような業種を絶対に買収するな」と言っています。これはM＆Aに関しての発言ですが、その趣旨としてはあくまで本業重視のビジネスを志向していこうということです。データで見ても自分の強みを発揮できる分野でビジネスを推進している会社の方が業績を上げています。

私の歴史を振り返ってみると、営業からマーケティング、企画、経営といったさまざまな仕事を経験してきましたが、ビジネスの世界で成功を得るには特別の秘訣といったものはないというのが実感です。あくまで、マネジメントの基本をたゆまず情熱を持ってコツコツと積み重ねることに尽きるのではないかというしみじみした実感があります。

碁でも将棋でも、奇手・妙手が打てるようになるためには、まず「定石」という原理原則をキチンと押さえることが必要になります。野球でも変化球を使い分けるためには、その前に直球がキッチリと投げられなければなりません。ビジネスの世界でも同じこと。何より原理原則が重要なのです。

オスカー・ワイルドは「真面目が肝心」と言いましたが、ビジネスでは「基本が肝心」と言った方がいいでしょう。

C（顧客重視）　相手の靴を履け

❖企業と人体の相関関係

企業と人体には似た面があります。どちらも生き物であり、寿命があります。また、その健康を維持していくためにも共通して必要な要素が数多くあります。たとえば、基本的な価値観とか、育っていくための計画、具体的なアクション……。

それを対比してみると次のようになります。

企業は、まず市場調査によって消費者の欲望、要求を的確に捉え、製品のコンセプトを決めます。次に資材を購入して商品をつくり、それを流通ルートに乗せて消費者に販売するわけです。これを人間にたとえるならば、次ページの図2のように栄養を十分とるための献立づくりから健康増進に至る一連のプロセスになります。

このうち流通というのは、メーカーから問屋や代理店を経て小売店までの商品の流れを指し、

■図2　企業と人体の比較

企業	市場調査 ➡	資材購入 ➡	製品化 ➡	商品 ➡	流通 ➡	販売 ➡	利益 ➡	投資・再生産
人体	献立（メニュー） ➡	材料調達 ➡	調理 ➡	食事 ➡	消化 ➡	排泄 ➡	栄養 ➡	健康増進

販売は小売店から消費者へ商品がわたることを指しています。一般に営業というのは、この2つのプロセスを合わせたものと考えていいでしょう。

人間の場合、この一連のプロセスの中でどの段階が大事で、どの段階が大事でないなどといった議論はあまり実質的な意味はありません。同様に、企業の場合もそれぞれの段階の重要性に優劣はつけがたいものです。しかし、私はあえて流通や販売が特に重要だと力説したいのです。

食べ物の場合、ぜいたくで栄養価の高い材料を買ってきて、一流の料理人が腕を振るって調理したものでも、それが消化され、スムーズに排泄されなければ何の役にも立ちません。企業活動でも、高品質の原材料を使って、パッケージャネーミングも素晴らしい、メーカーだけでなく、卸・小売店も十分利益が得られるという価格体系であっても、流通・販売に至らなければ、まったく価値はありません。そして、流通・販売を担当しているのが営業部です。

その意味で、私は「営業担当が肩で風切って闊歩している会社は健全な会社であり、伸びる会社である」と思っています。つまり、営業マンが自分の商品を愛し、品質に自信を持ち、自分の仕事に誇りや使命感を持っているような会社は基本的に健康なのです。

❖営業力を高める方法

では、営業力を高めるにはどうしたらいいのでしょうか。

商品の流通・販売というと、メーカー側は、口で言うこととは反対に、とかく自分の立場から考えがちなものです。

つまり、まず第1にいかに商品を問屋や代理店に押し込むかという、いわゆる〝プッシュ〟、言い換えると〝プロダクト・アウト〟の発想をしがちになります。しかし、実際にはこれと逆の方向のアプローチを考えるべきなのです。つまり、「どうすれば消費者に満足してもらえるか?」という消費者志向の〝プル〟、すなわち〝マーケット・イン〟の視点が必要なのです。相手(この場合はお客様)の立場に立って考えること、これを英語では「put yourself in someone else's shoes」（相手の靴を履け）と言います。消費者が買ってくれれば小売店に商品がなくなり、自然に代理店の在庫も不足することになります。売れ筋商品ということになりますから、リピートオーダーも増えるという具合です。人気商品をつくる原則は、市場の声、消費者の声に真剣に耳を傾けることです。この単純な原則を〝わかっている〟企業は多いのですが、〝やっている〟企業は少ないのです。

人体で言えば、排泄機能が順調だと消化もよくなるということになります。私自身、このようなマーチャンダイジングの基本認識と、そのためのノウハウを営業部門に植えつけようと努力しました。単純に言えば、「腹が減ったので食べたくなる」ような環境や状況づくりです。

具体的には、まず営業部に「売るのは製品ではなく商品である」という認識を植えつけることが先決です。「製品」とは工場で作った状態の〝プロダクト〟。一方の「商品」とは、店の中で側を通るお客様に「私を買ってください」と呼び掛けている〝マーチャンダイズ〟といったイメージです。

製品（プロダクト）とは、工場で製造した〝モノ〟です。プロダクトに、お客様に訴え、呼びかける息吹きを与えると、そこには商品（マーチャンダイズ）が生まれます。

営業の世界では、「足で稼ぐ」のはいまや古典的なスタイルになってしまいました。もちろん、現在でも「額に汗する」や「足を棒にする」部分の必要性は厳然として存在しますが、さればとて、ただ足で稼ぐだけでは優秀な営業マンとは言えません。重要なのは、「考える営業」です。つまり、効果と効率の高い売り込みを行えということで、それをバックアップしてくれるスタッフを上手に活用する能力も大きな意味を持ってきます。理想型と言えば、「考える営業」と「行動するスタッフ」が一体となって、企業の営業力が高まっていくのです。

❖ 考える営業と行動するスタッフのマッチング

考える営業と行動するスタッフがうまく機能した実例として、スティーブ・ジョブズ（1955~2011）が創業したアップルのケースが挙げられます。

アップルは、ユーザーのニーズが専門知識がなくても使いやすいコンピューターにあることを察知していました。というよりも、そんなパソコンができれば、市場がグーンと広がると確信していたと言った方がいいかもしれません。そうした発想を実現したのが初代のマッキントッシュでした。これには、マウス（ねずみ型をした使いやすい入力方式）やわかりやすいディスプレイなど、さまざまなノウハウが組み込まれています。この使いやすさが、ユーザーに1つのショックを与え、アップル躍進のきっかけとなったわけです。

ところで、このマウスやディスプレイなどの先進的な技術は、すでにマッキントッシュ発売の2年以上前に大手企業の研究所で開発されていました。このノウハウを搭載したパソコンさえ、市場に出ていたのです。

このことは、「行動するスタッフ」（マーケティング担当）がユーザーのニーズや自社のシーズを的確に判断した上で、商品特性をキチンと把握した「考える営業」がユーザーに的確にアピールすることの重要性を意味しています。同じような高度な技術を駆使した先進の商品を扱っていながら、しかも2年も前に発表していながら、後発の小企業の製品に市場を制覇されてしまったのは、本当の意味でのユーザー志向の商品開発と、その商品をキチンと評価できるマーケティング担当・営業担当が存在しなかったことにその原因があるのです。

D（差別化重視）〝ピカッ〟と光った違いがあるか

❖バンド・エイド成功の秘密

市場で長期間にわたってベストセラーの地位を保っている優れた商品には、他の商品とは何らかの違いがあるものです。たとえば、ジョンソン・エンド・ジョンソンの超ロングセラー商品であるバンド・エイド。アメリカではどの家庭にも必ず置いてあるという「ハウスホールドブランド」として有名な商品です。これに類似した絆創膏《ばんそうこう》は他のメーカーでも製造しています。それでも、バンド・エイドの人気は根強く、なんと１００年以上にもわたって世界的にトップブランドの位置を保っています。どこに原因があるのでしょうか？

もちろん、累積された宣伝効果によって築き上げられた優れたブランドイメージもあるでしょう。しかし、基本は商品自体の優れた点が評価されているということです。適度な粘着力、傷口にくっつかないノウハウ、消費者のニーズにマッチした豊富な商品ラインナップ……などによって、総合的に他の競合商品よりも抜きん出た評価を得ているのではないかと思います。USP（ユニーク・セリング・プロポジション）というマーケティング用語があります。競合商品に対して優位性を持った差別化を意味する言葉です。どんなにお金をかけて広告宣伝しても、肝心の商品が競合商品よりも優れていなければ、市場で消費者の支持を得ることはできません。こうした他とはひと味違ったセールスポイントづくりという差別化こそが、市場で長続きする秘訣なのです。

❖ティッシュ一つで差別化成功

差別化と言っても、何もそう難しいものではありません。『A Passion for Excellence』（邦題『エクセレント・リーダー』T・J・ピーターズ&N・K・オースティン著・講談社刊）にはある印象的なスキー場の例が出ていました。著者の同僚の話です。

「スキーをはじめて40年以上になるが、世界中の主だったスキー場はだいたい行ったかなあ。だが一カ所、カリフォルニアのシエラにだけはクリネックスの箱が置いてあってね、リフトの出発点に備えつけてあるから、スキー客はリフトに乗り込む直前にさっと1枚ティッシュを取って、上にいくまでにゴーグルを拭くことができるんだよ。ウルサ方のわたしの仲間たちでさえ、あそこのことを『クリネックスのスキー場』といって、さかんに話題にしたもんだ」

私が幹部研修を行っているＳＣＳＫという元気のあるＩＴ系の会社があります。この会社、私が講義を行う机の上に必ずティッシュペーパーの箱が準備されているのです。今まで何百社という会社で講演をしましたが、ティッシュペーパーが置いてある会社は同社がただ１つです。私はいつも感動します。

ティッシュペーパーをひと箱置くぐらいのこと、そう手間もコストもかかりません。しかし、それができているかどうかは、ひとえにお客様（ユーザー）志向の姿勢が現場のすみずみに至るまで徹底しているかどうかにかかっています。

そういえば、大阪でタクシーに乗ると、座席の前のところにその日の新聞が置いてあります。これも１つの差別化。嬉しいですね！

❖ 売り方で差別化する

ソフト面でも差別化ができます。『実践社長学』（名倉康修著・竹井出版刊）に丸正という会社の例が紹介されていました。この会社、レジャー用のテントを製造し、販売したのはよかったのですが、なかなか思うように売れません。そこで、キャンプ場や学校・ＰＴＡなどと提携し、「子供と親の語らい　一緒に遊ぼう」というキャンプ企画を立てて会員を募集したのだそうです。もちろん、キャンプでテントを張って楽しく遊ぶというカリキュラムが組み入れられています。この作戦は大成功。業績はグーンと伸びました。

モノを売るだけではなく、そこに企画というソフトをプラスすることによって、競合他社との差別化を図ったわけです。これも、消費者のニーズに迫るという消費者志向の勝利の典型的な例と言えます。

❖マイナスの差別化を避ける

〝逆もまた真なり〟ということを肝に命じておくことも必要です。「あそこのハンバーガーショップにはハエが飛んでいたよ」なんて噂が立ってしまっては、それこそ逆の差別化を促進するようなものです。お客様はそんな店を避けて、近くの競合店に行ってしまうのが必至です。

マクドナルドは「ＱＳＣ＋Ｖ」を標榜しています。これは、クオリティー（品質 quality）、サービス（service）、クレンリネス（清潔 cleanliness）を追求することで、顧客にバリュー（価値 value）を提供するということです。マクドナルドの創業者である故レイ・クロック（1902〜1984）にはこんな伝説があります。彼がウィニペグにあるチェーン店を視察したときのことです。その店になんと1匹のハエが飛んでいたのです。「ＱＳＣ＋Ｖ」の思想に反します。間もなくこの店は、ライセンスを取り消されてしまいました。

グリコの創始者江崎利一（1882〜1980）は、「すべて2×2が5でいけ。上の2は努力。下の2は経験だが、それだけでは4になる。努力×経験に工夫・判断で5となり100となる」と言っています。この工夫・判断をプラスするところが差別化の要諦。商品はもちろん、勝ち残り企業では、社内に優位性を持った差別化の種を数多く持っており、それを大きく育てているのが特徴と言えます。

新事業・新商品開発の7つのポイント

❖ 商品にも新陳代謝が必要

本章のまとめの意味で、新事業進出や新商品開発について考えてみたいと思います。経営を行っていく以上、事業にしても商品にしても、新陳代謝が必要になってきます。つまり、スクラップ・アンド・ビルドが働かなければなりません。

たとえば、今年売っている商品の売上を100％とした場合、20年も昔から売ってきたという既存商品の比率が90％も占めるという会社は、倒産予備軍会社と断じざるを得ません。一方、100％のうち30～40％が過去3年間に開発されたもの、既存商品は守りながらもそれに上乗せが加わっているという〝のりしろ〟の広い会社は可能性に溢れています。というより、こうした会社でなければ、継続的な成長は望め得ません。もちろん、モノの順序で言えば、既存商品の維持のほうが先です。〝既〟をマネージすることもできずに、〝新〟に走るのは本末転倒なのです。だが、〝既〟だけにおんぶにだっこでは企業には勢いが欠けます。そこで、〝既〟は守りながらも〝新〟を行うのです。「既守新創」が肝要なのです。新事業、新商品開発が重要だというゆえんです。

新事業・新商品開発のポイントは7つあります。

① マーケット・イン志向があるか

メーカー志向から脱却して、消費者が何を求めているかを追求することが大切です。マーケット・イン志向を唱える企業は多いですが、それを実際に行っている企業は案外少ないものです。どうして、少ないのでしょうか。

経営者の態度にMBWAが足りないからでしょう。これは、前に紹介したマネジメント・バイ・ウォーキング・アラウンドの姿勢のことです。アメリカの経営者たちが、自分たちの経営姿勢に対する反省を含めて、このMBWAを唱え始めました。

ある日本の代表的なクルマのメーカーの社長にイギリス人の経営者が質問しました。「あなたは事務所にいることが少ないですね。ほとんど外に出ていますね」。すると、そのクルマメーカーの社長は「ええ、わが社では事務所でクルマをつくっていませんから……」と答えたといいます。消費者が何を考えているか、何を求め、どういう問題点を持っているか……経営者自身もそういった情報とか感覚とか感性をいつもインプットしておくという姿勢が経営には欠かせません。

それを具体的な行動で表すと、ＭＢＷＡという行動になるというわけです。

〝街に仕事に行く〟という言葉がありますが、タウンウォッチングをする、ウィンドウショッピングに行く、代理店に行く、営業所に行く、工場に行く……こうした姿勢です。要するに事務所にいる時間が９割以上だという「穴熊経営者」には基本的に問題があるということです。こうした経営者が率いる企業はマーケット・イン志向に欠けていると言わざるを得ません。経営者は「猟犬経営者」でありたいものです。

もっとも、前にも述べたように、ただ営業所や工場などに顔を出せばいいというわけではありません。営業所などで組織系統を無視して直接、所員に指示や命令を出したりすれば組織はメチャクチャになってしまいます。感性とか情報を仕入れに行くんだという発想でＭＢＷＡを行うことです。

② 事前にマーケットサイズの評価を行う

ある鉄鋼メーカーが新規事業に乗り出しました。古墳を発掘する業者を派遣しようというものです。その会社は社員が数万人はいます。この事業で必要な人員はせいぜい数十人くらいのものでしょう。お金と時間をかけて準備をするわりにはインパクトがない事業と言えます。

この事業に乗り出すと、どれだけインパクトがあるのかを検討してから実行しないとその意義は薄くなってしまいます。もっとも、マーケットサイズが大きければいいというわけではありません。自社の能力に見合った適正サイズというものがあります。お菓子屋がクルマを作ろうといってもムリがあるように、自分の力量に合ったマーケットとマーケットサイズがあるのです。蟹は自分の甲羅に合わせて穴を掘ります。

③ 本業の強みを生かせる分野に進出する

会社にはそれぞれ強みがあるはずです。技術のこういった部分が強いとか、販売力や流通には定評があるとか、企画力とか開発力が強いとか……自分の会社がこの分野ではよその会社には負けないという強みがあるはずです。また、なければ困るのです。それをトランスファーできる――移転できる分野で勝負をしようという姿勢が大切です。そうでなければ、その分野を本業として何十年もビジネスをしているライバルが待ち受けているわけですから、とうてい勝負になりません。食い殺されてしまうのが関の山です。

④ トップが積極的にコミットメントする

長期的に取り組む姿勢を持っていることが重要であって、単なる思いつきであってはなりません。長期的な確約とか本腰を入れてやる姿勢、優れた人材の投入、それなりの資金的なバックアップもするのだという姿勢です。繰り返して言いますが、コミットメントとは、〝死んでもヤッタルデ〟という強い決意のことです。〝ナントカヤリマヒョ〟というのは単なるプロミス（約束）にすぎません。覚悟のほどが全然違います。

⑤ 目標と評価基準を事前に設定する

関連会社が１５０何社にもなる企業グループの子会社の社長の話を聞いたことがあります。ちょっと極端な例ですが、実例として紹介します。

「親会社から目標は与えられているんですか。評価基準はいかがですか」

これが私の質問。

返ってきた答えが、「目標は具体的なものはない。したがって評価基準もハッキリしていない」というものでした。

合併会社の経営がうまくいかない原因の１つは、そもそも事前に目標と評価基準をハッキリと決めていないところにあります。さまざまな問題をハッキリと擦り合わせを行っていないところに原因があるのです。そもそも明確で具体的な目標がなければ、いかなる是正措置を採ってよいかのメドも立たないはずです。どういう目標を達成して、どういう結果を出したら成功なのか、失敗なのか。それをハッキリさせておく必要があるのです。これを事前につくっておくことが、肝心、肝要なのです。

⑥ 事後評価をキチンと行う

とかく、スタートしてしまうと評価を忘れがちなものです。既成事実としてナアナアで終わってしまいがちです。事前につくった評価基準によって、半年後とか、1年後とか、決めた期間で評価をすべきです。そして、評価の結果をキチンと関係者にフィードバックする必要があります。次に改善のための行動が続きます。

⑦ 冷静な撤退も必要

会社には健全な赤字部門が必要だと言った経営者がいます。健全な赤字とは、今は赤字だが近い将来には黒字化が見込めるというメドがついている赤字のことです。言い換えると会社の存続のためには一定期間は覚悟しなければならない前向きの赤字ということです。当然、いつまでも赤字続きであっては健全とは言えません。事前につくった評価基準に照らして評価をして、どうしても黒字転換が見込めない場合には撤退も必要なのです。とかく意地とか、面子とかの人間的要素が入り込みがちです。

参入というのは前向きでやりやすいものですが、撤退となるとなかなか難しい。撤退の方が参入よりも勇気が要りますが、撤退すべきときにはズルズルと問題を先延ばしにすることにより傷口が大きくなって出血がそれ以上増える前に、蛮勇を振るってでも撤退すべきなのです。すでに使ってしまったコスト（サンクコスト、埋没コスト）にはあえて目をつぶることが時には求められます。

❖優位性を持った商品の開発

新事業でも新商品でも、消費者にとって何らかの意味で優位性を持ったものでなければなりません。これがあるかどうかを、自らの気持ちを欺くことなく、真剣に検討することです。ちょっと考えてみればわかることですが、当社にとっては「新事業」であったり「新商品」であっても、市場参入するときには、以前からの競合相手としての「旧事業」や「旧商品」が手ぐすねをひいて、食い殺してやろうと待ちかまえています。したがって、こちらに何らかの差別化がなければ勝負に勝てるはずもありません。

英語には、〝ミー・トゥー・プロダクト（me-too product)〟という言葉があります。〝人まね商品〟〝物まね商品〟ということで、要は〝ダメ商品〟〝失敗商品〟ということです。〝ミー・トゥー〟ではなく、〝ミー・オンリー〟を狙うべきなのです。

第４章

「自分育て・人育て」の原理原則

人にも必要な付加価値

❖ あなたの原価は3000円？

水40リットル、炭素2キログラム、アンモニア2リットル、石灰1・5キログラム、リン800グラム、塩分250グラム、硝石100グラム、硫黄80グラム、マグネシウム50グラム、フッ素7・5グラム、鉄5グラム、珪素3グラム、マンガン3グラム、アルミニウム1グラム、その他ごく微量の13の元素――さて、これは何でしょうか？

その通り！　これは人間なのです。体重60キログラムの人間の成分がこれであり、原材料費に換算すると多少の変動はあるでしょうが3000円程度に過ぎないといいます。

原材料としての価値は3000円に過ぎなくても、実際の人間の価値はこんな微々たるものではありません。生命保険一つとっても、何千万円単位、人によっては何億円という時代です。

では、何が人間の価値を高めているのでしょうか？

それが「付加価値」なのです。人が人であるゆえんは、原材料の価格（コスト）ではなく、付加価値によってそれこそ価値が高まるのです。原材料自体は他の動物とそう変わりはありません。

「原材料＋付加価値＝商品価値」――これは商いの原則でもあります。

あるコンタクトレンズメーカーのトップに聞いた話ですが、小売段階で1枚2万円もするコンタクトレンズの原材料費は約17円だということです。その差がソフト料であり付加価値ということになります。

ホテルでコーヒーを飲むと１０００円やそこら取られてもそう不思議ではありません。コーヒー代というかコーヒー豆代というのはせいぜい30円程度でしょう。砂糖やミルク、お湯を加えてもせいぜい35円程度でしょう。まさに場所代とか雰囲気代などの付加価値を飲んでいるようなものです。

立ち飲みコーヒー店で飲む２５０円のコーヒーとホテルで飲む１０００円のコーヒーの間には大きな付加価値の差があります。付加価値の少ない商品は〝可もなく不可（付加）もない〟ということになります。

❖ あなたの付加価値はいくら？

人間も同様です。付加価値の多い人間と少ない人間がいます。付加価値の高い人間が価値の高い人間ということになります。したがって、高い値段がつきます。価値組は勝ち組になるのです。では、組織人としての付加価値とはなんでしょうか？

ズバリ言うと能力です。能力が高ければ高いほど付加価値の高い人間と言えるということになります。

しかし、これだけでは漠然としてつかみどころに欠けています。そもそも能力とは何かというところまで突き詰めて考えておかないと、正しい能力開発を進めていくことはできません。

ここの部分を曖昧にしたままで、「能力開発をしろよ」と社員にハッパを掛けても、はかない、無意味な話と言えます。ハッパをかけられた社員の立場で言えば、何をどう磨いていったらいいのかがまったくわかりません。要求される能力とは何であるかを具体的にして、その何をどのように磨いていったらいいのかを提示することができなければ、単なるニコポンに過ぎなくなってしまいます。ニコッと笑いながら肩をポンと叩くだけのコミュニケーション。やらないよりはマシでしょうが、具体性がありませんね。したがって、効果もありません。

❖ビジネスパーソンの能力の三本柱

ビジネスパーソンの能力について、私は次の３つの柱が大切だと確信しています。それは①専門的能力、②マネジメント能力、それに③人間的能力の３つです。リーダーとして会社を成長させ発展させることをめざしている経営者は、この３つの柱を併せ持っていることが必要です。

次項以降で１つずつ解説していきます。

リーダーに必要な能力① 専門的能力

❖ 専門的能力をなぜ磨くか

ビジネスパーソンの能力としてまずとりあげたいのは、専門的能力です。会社の中の一部門の責任だけでなく、全体のことに責任を負っている人はたった1人しかいません。それが、社長です。後は取締役であれ部長であれ、営業担当、経理担当、開発担当、製造、技術……と機能分野を担当しています。まず、こうした自分に与えられた技能や職能分野の専門能力に長けている必要があります。その技量や技能を磨くことが第1の条件です。

専門能力には4つの分野があります。①職能、②商品、③事業領域、それに④地域の4つです。

まず肝心なのが職能。

たとえば、人事担当や経理担当にもそれなりに要求されますが、営業をつかさどる人間に絶対的に要求される能力として豊富な業界知識や商品知識が挙げられます。営業は自分が売るわけですから、売り物である商品に関する知識に精通している必要があって当たり前です。さらに、競合相手の商品についても知っておく必要があるでしょう。

次に情報収集能力及び発信能力はどうでしょうか？

市場では何が売れ筋か、競合相手はどんな商品を出そうとしているのか、取引先は何を望んでいるのか……。こうした情報を自分のポケットにしまっておいただけでは意味がありません。会社で活用されるようにするには、自分がどのタイミングで、どこにどのようにインプットすればいいのか判断できなければなりません。情報収集や発信能力（自分からアウトプット↓組織へのインプット）も含めた情報能力が必要なのです。

ほかに人間関係能力はどうでしょうか？　顧客開拓能力とか、会社によっては代金回収能力は……。いずれも、営業担当にとって大いに期待されている能力と言えるでしょう。

営業を一例として挙げたわけですが、これらの専門的能力に関して、営業担当者は、経理担当者や技術担当者に一歩もひけを取ってはならないのです。

○○と□□の分野に関してならば、絶対に人後に落ちない、社内ナンバーワンである、何か１つ、できれば複数の優れた職能を持っていることが、競争社会で勝ち残る組織人には絶対に求められます。

❖部長ができるだけではブチョウホウ

ヘッドハンターを生業《なりわい》としている友人の言では、誰でもその名前を知っているような一流の会社の社員からも、「これこれの理由で自分は会社を辞めたい」「仕事の紹介をして欲しい」といった相談を持ち掛けられるということです。このご時勢、迷える子羊が多いのです。

そういう転社希望者に対して、「わかりました。それではあなたは何ができるのですか?」と聞くと、「私は部長ができます」という人がいるという、冗談みたいに響くが冗談ごとではないという冗談があります。

「部長ができる」というのは、まことにブチョウホウな話で、何の意味もありません。「部長ができるだけではよくわかりません。もう少し具体的に話してください」と言うと、「立派な部長ができます」という返事が返ってくる。こうなるともうマンガです。「部長をやった」というのは、ただ単にポジションを占めたことがあるというだけのことです。自分の所属する会社での地位を離れて何ができるのか——これが問われているわけですから、それなりの「内容」を伴った回答が必要になってきます。

「私はコレができる」「こういう結果を出した、成果をあげた」という実体を持っていない人は、ビジネスの世界では〝その他大勢〟として切り捨てられてしまいます。

人財を育成するときには、まず順番として、その人の個性や特性を見て、どの専門的能力を伸ばそうかと決める必要があります。この能力はいわば「才」であって、「スキル」です。こうした技量とか技能といった面の能力が、組織人にとってはモノの順番としてまず第１に必要になります。

リーダーに必要な能力②　マネジメント能力

❖マネジメント能力と専門的能力とは違う

専門的能力に次いで必要なのが、マネジメント能力です。よく専門的能力とマネジメネント能力とを混同する人がいますが、この2つは異なる別々の2セットの能力なのです。それだけに、別々に磨かないといつまでも身につけることができません。

マネジメント能力を私なりに次のように方程式化してみました。

マネジメント能力＝ＰＤＣ＋ＣＣＣ

まず、プラン・ドゥ・チェック（Plan-Do-Check）。これは通常言われているマネジメントサイクルです。最初に計画を立てて、実行に移し、それを評価する。この順番で仕事をキチンと進めていくことを、「ＰＤＣのマネジメントサイクルを回す」というように表現します。

私の見るところ、ほとんどの会社では、このＰＤＣのうち初めの２つは比較的よくできています。しかし、最後の1つに対しては80％以上の会社が手抜き工事をしています。それは何か？　そのとおり！　大方の経営者は計画を立てて実行するまではそれなりにキッカリと行っていますが、Ｃの「チェック」が甘いのです。

チェックとはどういうことでしょうか？

たとえば、売上目標２００億円に対して実際の売上高が１８０億円だったとします。そのときに、「20億円ショートだ。達成率は90％だった」というだけではチェックでも何でもありません。ただ単に数字を並べただけです。

正しいチェック（評価）は何かというと、数字の上っ面を眺めるのではなく、数字の裏を読み取ることです。なぜ、達成目標との誤差が生じたのか？　達成に至らなかった障害は何なのか？　それは避けられる要因か？　どう避けたらよいのか？　このように読み取ることが、チェックの第一歩なのです。

人間は、過去の失敗から学んで成長する人と、いくら失敗を重ねてもまったく学ばない人の２つに分かれます。失敗から学んで、次期の計画の質を高めるための参考にしようとする――こうした習慣が重要なのです。学びを生かして、ワンステップ上の計画へと結びつけていきます。ちょっと固く言えば、〝評価・学習・反省・改善〟がチェックの要諦《ようてい》なのです。自分一人でチェックするのでは心許ないし、もったいないとも言えます。部下を巻き込んでチェックすると、そのプロセスを経る間に人が育ち、チーム力が上昇します。チェックする作業自体が学びの場でもあるのです。こうした形のチェックを含むPDCが、正しい仕事のやり方です。

マネジメント能力は、社長であれ、営業担当であれ、技術担当であれ、社用車の運転手であれ、仕事の内容の差はありますが「原理原則」としては、同じように要求される能力です。

営業担当者は自分に与えられた目標を達成するために計画し、実行し、それを評価して次の仕事に結びつけます。経営者はというと、年間の売上計画、利益計画を立て、資源の配分を行い、計画を実行し、評価して、やはり次期の計画に結びつける作業を行います。マネジメント能力自体は、このように地位や仕事内容と関係なく重要な能力なのです。

このPDCを意識して専門的能力を生かせば、後者は十分にその効力を発揮します。

❖ PDCに3つのCをプラスする

私はこのPDCに3つのCをプラスしました。それは、コミュニケーション（communication）、コーディネーション（調整能力　coordination）、クリエイティビティ（創造性　creativity）の3Cです。

まず、コミュニケーションで最も大切なのは、自分が相手に何を伝えたということではなく、実際に相手にどう伝わったかということです。〝伝えた〟は何の意味もありません。〝伝わった〟が肝心なのです。多くの人は〝伝えた、だからコミュニケーションは済んだ〟と思い込みがちです。このような、独りよがりではない互いのコミュニケーション能力が必要なのです。

２つ目のＣが調整能力です。部門と部門の間をネットワーキングしたり、上と下、横、ナナメをコーディネートする……求められる目標を達成するために必要に応じてさまざまな調整をするわけです。機能部門や専門分野の細分化が進んでいる現在では、非常に重要な能力です。漫画家の故・石ノ森章太郎（１９３８～１９９８）は、「組織では、自分ができなくても、できる人とできる人をコーディネートする能力を持った人が重要になってくる」といった趣旨の発言をしていましたが、まったく同感です。

３つ目のＣが創造性です。ひと昔前の経営者は、「求められる経営者は変化に対応できる人である」と言われてきました。いまや、それだけでは不十分。「優れた経営者とは変化を予測できる人である」と言い換えたほうがいいでしょう。さらに言えば、「変化を先取りして迅速に対応できる人である」となります。対応しているだけでは受け身の感覚にすぎません。まず想像して、それから迅速に対応する。これまでなかった付加価値というものを創り上げようという革新的創造性こそがこれからますます求められる能力なのです。

リーダーに必要な能力③　人間的能力

❖地位とともに要求される人間的能力

専門的能力、マネジメント能力と並んで重要なのが人間的能力です。前二者が「才・スキル」であるのに対して、これは「徳・マインド」に当たります。その人が持っている人間性というか人格といった次元の話です。立場が上になればなるほど、この人間的能力が相対的に重要になってきます。

組織の中で立場が上になればなるほど部下の数は増え、責任や権限が多くなってきます。そうなると自分の仕事に対して、もたらすべきアウトプット――結果に対して自分が自らハンズ・オンでやらなければならないという部分は、限りなく減ってくるものです。社長ともなると、全体のアウトプットに対して自分の手で行うという部分は限りなく減るでしょう。多くの場合は、人を通じて行うということになります。

経営という言葉があります。これを私はこう定義しています。

「限られた資源を活用することにより、人を通じて目標を達成し、最大の成果を上げる一連のプロセスである」

経営者は人を通じて、最大限の成果をあげようとしているわけです。そうなると、部下が自分を見る目が「鬼か蛇か」という憎しみとケイベツの目である場合と、「あの人は時に理屈に合わないことを言うけれども、それはそれとして人間的に信頼し、尊敬してついていける」という感じで見られた場合とでは、どうでしょうか？　短期間ならいざしらず、中長期で考えたならば、仕事の質と量とでは雲泥の差が生じてくるでしょう。人間である以上、感情というものがあります。上の人間に対してその人間性を認めていない場合は、部下は意識的にサボタージュ（妨害）はしないまでも、心からフォローする（ついていく）気持ちにはならないでしょう。

意識しているかどうかは別にして、多くの部下が〝あの人の後をフォローしたい〟と考えているからこそ、経営者はリードすることができるのです。喜んでフォローする人がいなければリーダーにはなりえません。地位が上になればなるほど、人間的能力が必要になってくるゆえんはここにあります。

❖ できる人とできた人

専門的能力が優れた人を専門家とか、スペシャリストとか、職人などと言います。若いうちにはこの能力は大切です。しかし、そのレベルで留まっていては成長はストップです。職人止まりです。この能力にマネジメント能力をプラスすることができた人がマネージャーになります。中間管理職です。さらにこの2つの能力に人間的能力を加え持った人が、リーダーであり、経営者であり、ひいては社長なのです。

専門的能力とマネジメント能力に優れた人を、「できる人」と言います。人間的能力に優れた人を、「できた人」と言います。本物の経営者であるためには、この3つの能力を兼ね備えている必要があります。つまり、〝できる・できた人〟なのです。

相撲の世界では「心技体」が重視されています。横綱に推挙されるためには、力量や体格だけではなく「品格」という言葉で表現されている心の面も重視されるのです。経営の世界で心に当たるのが、人間的能力ということになるでしょう。同じ横綱でも、たとえば白鵬のようにそれなりの品格を醸し出している人もいれば、すでに引退している人でどうにも品格のない横綱もいました。

この3つの能力のどの部分が自分に不足しているのか。会社が棚卸を行って在庫調査をするように、この際自分の能力の棚卸をしてみたらどうでしょうか。これが、自分の自己啓発の重点ポイントを探すことにつながります。

社員が育てば、黙っていても会社は育ちます。しかし、経営者はその前に自分を育てるべきなのです。自分が育てば、周りに刺激を与えることになり、部下も育ちます。「会社育ては人育て。人育ては自分育て」。まさに〝先ず隗《かい》より始めよ〟なのです。

成長を妨げる快適ゾーンからの脱出

❖ 快適ゾーンの陥穽《かんせい》

次に、自分育てを図る上での心のマネジメントについて、いくつかの提案をします。

人はみな快適ゾーン（comfort zone）というものを持っています。その中にいれば抵抗感がなく、気楽に快適に過ごすことができるような環境です。経営でもぬるま湯的になってくると、刺激も向上心もなくなって、そこから抜け出すことができなくなってしまいます。ついには茹でガエルになってしまいます。

筋肉は少々痛い思いをしなければ鍛えられないように、人間の精神も刺激や緊張感があってはじめて、向上心が芽生えてくるものです。快適ゾーンに安住していては、〝人質《じんしつ》〟向上どころか、退化が進んでしまいます。人はムチャをするとつぶれてしまいますが、ムリをしないと伸びません。常に自分に負荷をかける必要があります。

人間はみな自分がこうありたいという理想の姿を持っているものです。もちろん、現在の自分の姿もしっかりわかっています。これを一歩踏み出して、理想の姿に近づけようとするのを邪魔するのが快適ゾーンなのです。ちょっと下手をすると〝怪敵ゾーン〟と化してしまいます。

快適ゾーンという風呂に浸かっている限りは、辛さを味わうことがないわけですから、「いまのままの自分でいい」「いまの境遇だって悪くないじゃないか」と、ヘンに納得してしまいやすいのです。もういい——こう思った瞬間に、ズルズルとレベルダウンが始まってしまいます。

振り返ってみると、「45才で企業のトップになる」という目標を立てた私が、二度の転社をしたのも、快適ゾーンにはまりかけていた自分自身のワクを打ち破るための無意識の決断だったのかもしれません。

❖積極的に恥をかこうという意欲が必要

では、快適ゾーンを打ち破るにはどうしたらいいのでしょうか。

「モノかき」「汗かき」「恥かき」の「三かき」がおすすめです。

モノかきとは文字通り、自分の考えていることを書いてみることです。文章を書くことによって自分の考えていることが整理できますし、多少なりとも想像力を刺激し、強化することにつながります。日記でも、社内報でも、本でも、ブログでも、継続的に自分の意見を発表することは、知的な負荷を自分にかけるということになります。

汗かきとは、心地よい汗をかくことです。運動をし、健康な汗を流すことによって、肉体的な快適ゾーンを打破します。これは同時に健康管理にもつながって、心と身体の老化を防いでくれます。

恥かきとは、自分にとって未知の分野に挑戦して恥をかくことです。私は講演や執筆など、恥かきを覚悟の上で自分の考えを発表しています。また、50歳になってからテニスを始めたときには、中学生や中年女性との試合で当初は連戦連敗を続け、大いに恥をかいたものです。

三かきの中では、恥かきが最も大切でしょう。恥の文化にドップリと浸かっている日本人にとっては、必ずしもやさしいことではありません。しかし、積極的に恥をかこうと開き直っていると、慣れないゆえの失敗もそう恥ずかしいものではありません。また、自分が初心者に何かを教えるときに、相手がビギナーゆえの失敗をしているのを見ても、そうおかしいとは思わないように、実際には本人が恥ずかしいと意識しているほど、他人はどうこう気にしていないものです。

積極的に恥をかこうという開き直りこそ、快適ゾーンを打破する第一歩なのです。

「恥かきを覚悟の上で、汗をかきながら本を書く」。これはまさにこの瞬間に私が行っていることです。齢はとっても心は老いません。

人間的能力開発のポイント①　問題は自分のもの

❖ 意識が変われば習慣が変わる

「会社育ては人育て、人育ては自分育て」。これは私の好きなビジネス箴言《しんげん》の１つです（ちなみに私の〝作品〟です）。

人材の３要素をある大学教授がこう言っていました。２番目が逆境に堪えること。逆境をバネにして自分を伸ばすことです。３番目が優れた先輩とか師がいるということ。英語で言えばメンターです。そして、１番目が遺伝因子によると言います。こういうとガッカリしてあきらめる向きがあるかもしれません。しかし、この先生の言わんとしていることは、素質や性格は先天的に与えられても、後天的な意識と努力でカバーできると解釈すればいいのです。

安心したところで、経営者にとって、最も重要である人間的能力はどうやって身につけていったらいいのかを考えてみましょう。

ジョンソン・エンド・ジョンソン時代にアメリカのニュージャージー州にあるラドカーという州立大学で講演を聞いたことがあります。そのとき、ある教授が「企業文化とは習慣の和なり」と言っていたのが印象に残りました。心の中に電流がピッと走るように感じたのを昨日のことのようによく覚えています。

一口に「企業文化」と言うと何やら漠然とした感じがしますが、具体的に言うと、その会社が持っているすべての習慣を集大成すればそれが企業文化というものです。たとえば、就業規則なども1つの習慣だし、社員同士の朝夕の挨拶の仕方だってそうです。そういう有形無形の公式非公式のありとあらゆる習慣を足し算すれば、それがすなわち企業文化だというのです。納得性の高い説明です。マッキンゼーのマービン・バウワーが「私たちが会社の中で仕事をするときのやり方」が企業文化だと言ったのも、同じ意味でしょう。

企業における文化が企業文化ならば、個人にあっては人間性とか人格ということになります。そうすると、この方程式を人間に当てはめると、人間文化＝人間力・人格だと言えます。現在は企業文化をもっと理念寄りに考えていますが、基本的な認識では〝習慣の和〟という考え方で間違いないと思います。

つまり、この考え方を自分の能力づくりに応用するには、自分の持っている習慣を改善し改造すればいいというわけです。

てっとり早いのは、良い例から学ぶことです。学び方には２つのタイプがあります。良い例から学ぶタイプと悪い例から学ぶタイプです。私は、選択が利くのであれば、良い例、好ましい例、成功例から学んだ方が４倍も５倍も効果・効率が高いと考えています。

効果×効率＝生産性

この方程式を信じるのならば、成功例や良い例から学んだ方がどうも生産性が高いようなのです。

❖ 優れた経営者の共通項

これまでお目にかかった数多くの成功している経営者、ビジネスリーダーの良いところを学べば、良い習慣がつくのではないかと思って観察を続けてきました。例外なく「できる人」であり、「できた人」でした。どういう共通項かあるかというと――、

① 基本的なものの考え方が多長根である

多長根の考え方がバランスのとれた思考のために重要なのは、前述（１２３ページ）の通り

です。

②　結果と過程のバランスをとる

リザルト（結果）ばかりを求めずに、プロセス（過程）を重視しないと、刹那的無責任集団になってしまいます。結果と過程のバランスとしては、結果が6〜7で過程が3〜4ぐらいが適当でしょう。多くのアメリカ企業は、結果重視に、それも短期の結果に偏重しすぎているのではないでしょうか。〝四半期経営〟という代物です。最近の日本の企業も短期の結果を追求しすぎるあまりにプロセスを無視して自ら墓穴を掘っているという傾向が強まっています。

③　自責の概念を持って仕事をしている

責任には自責と他責があります。自分の責任と他人の責任です。問題は自分のもの――〝I own the problem. アイ・オウン・ザ・プロブレム〟といいます。これに〝I own the solution. アイ・オウン・ザ・ソリューション〟（解決も自分のもの）が続きます。人間とは責任を他人のものにしがちなものです。私もかつてはそういう傾向が強かったような気がします。何かうまくいかないときにとりあえず、人のせいにしてしまう。これが他責ということです。人を非難するときの手を見ると、相手を指しているのはひとさし指1本に対して、自分の方には3本の指が向いています。１本は天を指しています。３倍も自分の責任が大きいのです。この指の形は、それを示唆しています。伸びる人は例外なしに自責の人です。

❖ 自責意識を根づかせる

私が社長になった頃、一時業績が悪い時期がありました。返品も増えて、市場占拠率も落ちてきました。なぜ悪くなったのだろうか？　１８０人以上の営業部員に匿名でアンケートをとりました。広告宣伝が足りない、価格体系に魅力が乏しい、書類が多すぎて営業時間に食い込んでいる、発注から納品まで時間がかかり過ぎる、商品の差別化がない、新商品がない、営業マンの数が足りない、事務のサポートが足りない、教育訓練が不足している……などさまざまな理由が挙げられました。

これらの共通項目は何でしょう。すべて他責なのです。他責がはびこっています。こういう企業が伸びるわけはありません。社員全員が他責人間では伸びないほうがあたりまえと言えます。

アンケートを見ると、全員が判で押したように他責人間でした。おもしろいなぁと思いました。しかし、社長としてはおもしろがっているわけにはいきません。翌日から「自責キャンペーン」を始めました。

誰から自責でいくのがいいのでしょうか。もちろん自分からです。「私も自責でやるつもりですから、みんなも自責でやってもらいたい。これをみんなの習慣にして究極的には企業文化にしようよ」と全社員に対して訴えたのです。「頑張れ」という言葉を使うのはやめよう。その代わりに「頑張ろう」と言おう。オレもやるからオマエもやれよということです。

変化が起こりました。1年ほどして、何か問題があったときに偶然、洗面所でその問題を統括する部門の部長に会いました。〝社長、これは自責の問題ですね〟とニヤッと笑って語りかけてきました。〝自責の考えがようやく定着してきたわい〟とニンマリしながら、密かにうなづいたものです。確かにこのころから、業績も上向いてきました。

まず評価してもらいたいのは、自分は自責人間か他責人間かということです。自責とは、問題を解決するために、まず自分は何を考えるべきか、何をやるべきか、という「順番」でモノを考える気持ちのことです。考え得ることは考え、やるべきことはやる。その上で、はじめて、上とか周りとか、下に求める。この順番を間違えてしまってはいけません。

経営者自ら自責人間キャンペーンの旗振り役を務めてほしいものです。自責人間が組織の中に増えれば、自責が企業文化になってきます。自責カンパニーというわけです。こういう会社はダイナミックに力強く前進していくことができるでしょう。

「問題は自分のもの、解決も自分のもの」——これが自責人間の考え方です。

人間的能力開発のポイント② 胆識だけが結果を生む

❖ リーダーに求められる胆識《たんしき》

人間的能力開発に当たっては、知識・見識・胆識の三識も必要です。

知識とは必要な情報やデータを持っていることです。そして、見識。これは知識に自分なりの考え方を加えて持っているということ。限りなく智恵に近い能力と言えます。そして、最後に控えたのが胆識。これは見識に決断力と実行力をプラスしたものです。会社で必要なのは知識者でも見識者でもなく、胆識者なのです。

批評家、評論家と経営者とは何が違うのでしょうか。ズバリ言うと、後者は結果責任を持っているということです。経営者には言い訳はできません。それだけに、見識を持ちながら、ものごとを決めて実行に移す胆識者である必要があるのです。

百聞は一見に如かず、百見は一考に如かず、百考は一行に如かず——といいます。どんなにいい考えを持っていても、決断と実行までもっていかなければ意味がありません。

組織の中では、決断できる人が少ないのが残念ながら実際のところと言えます。評論家的社員がはびこり、のさばっているという会社はダメになってしまいます。

人はなぜ決めることをためらうのか。

理由を問うと、「自分には権限がない。越権行為になってしまう」と言う人がいます。組織の原則から言えば、正しい考え方です。しかし、そう言う人に2種類あります。「実績をベースに見てくれ。これだけの仕事をやってきたのだからもっと権限をくれ」と上に対して迫る人。何もしないで権限が天から降ってくるのをジッと待っている人。この2種類です。権限とは基本的には勝ち取るものです。実績をベースに権限を勝ち取ろうという人だけが権限を手にすることができる人であり、伸びていく人なのです。

こういう人に対して、トップである社長が権限委譲の面で出し惜しみをするようですと、トタンに社員のやる気を削いでしまうことになります。上と下の間の気持ちと態度のマッチングが必要になってくるゆえんです。トップも思い切って権限委譲しようという心構えが必要なのです。人は任されれば伸びるものなのです。

❖ 明日の100より今日の80

「情報やデータが不足だ」という理由で決断ができない人もいます。この考えも、それなりに正しいと思います。でも、ちょっと待ってください。

ビジネスの世界では明日の１００よりも今日の80の方が価値が高いということはよくある話です。なぜかというと、完成、完全、完璧を期するあまり、決定を伸ばし伸ばしにしたことによってビジネスチャンスというバスに乗り損なってしまうことがあるからです。その間に競合相手が75点程度の情報データで判断を下してビジネスチャンスをモノにしていたりします。80のデータがあっても実行に移さなかったために、結局はゼロと同じこと。０対75で完敗です。決定的な差がついてしまいます。

ビジネスや商売の優劣は「絶対」ではなく「相対」です。30％や50％の情報量や精度では問題ですが、80％程度の情報やデータが揃ったならば、20％程度のブラックボックスの部分はあっても、自分のいままでの経験や勘で補って、総合的にはこういう姿なんだろうと判断し、決定して実行に移す。そのために経営者とか社長がいるわけです。時間との対決が必要な場合は、とりあえず80の段階で行動し、後の20は後日の努力で可能な限り補う――。これが経営者のとるべき正しい姿勢のあり方です。

１００％の情報があるときしか実行に移せないのであれば、経営者とか社長は会社に必要ありません。コンピューター部門と市場調査部門があればいいということになってしまいます。

もちろんそれだけでは会社がうまく動いていくわけはありません。

❖経営者は胆識者である

その意味では、社長、取締役などの経営者は、一種の〝補い屋〟と言ってもいいでしょう。情報やデータの不足を補った後で全体を俯瞰《ふかん》して総合的な判断をし、それを決断に落とし込むことができる人です。

〝経営者よ、胆識者たれ！〟と声を大にして叫びたい気がします。

このところ日本の大企業がグローバル化の進展する中で、韓国や台湾企業に追いつかれ追い抜かれつつあるという惨状は、トップに胆識者が不足していることが最大の原因です。ところが、あなたはどうですか？　知識人？　見識者？　それとも胆識者？

人間的能力開発のポイント③　優れた経営者に共通する５Ｋ

　優れた経営者に共通している人間的特徴を、私なりに整理してみました。すると、際立った特徴として５つのＫがありました。それは、①肯定的、②謙虚、③向上心（向学心）、④価値観、⑤感性です

❖真似したい５Ｋ

『徒然草』の一節モドキにモノを言えば、「優れた経営者の真似をする者は、限りなく優れた経営者に近づく」と信じて、この５Ｋを真似してもらいたいと思います。

　優れた経営者に共通している要素の中で、何よりも大切ではないかと私が考えているのが「肯定的」であるということです。

　何か障害があったときに即座に否定的に反応する人がいます。「こうだからダメじゃないか」「ああだからダメだ」。こういう人を「だからダメだ族」と私は呼んでいます。逆に、「どうした

らできるだろうか」と常に考えている人が「どしたらできる族」です。はじめからあきらめてしまって、手を拱《こまぬ》いていては、奇跡でも起こらない限りうまくいくはずがありません。だったら、失敗するかもしれないとクヨクヨしているよりも、肯定的に考えてものごとに当たっていった方がいいに決まっています。

謙虚であるのも共通した特徴です。一流の経営者とかリーダーと言われる人は、態度や考え方が自然体で謙虚な方が多い。組織図で見ると社長は当然トップにあります。だが、組織的に上にあっても、それは所詮、浮世の約束ごとに過ぎません。人間の価値とは基本的には何の関係もありません。地位が上になったらいきなり態度が大きくなるという人は、どうも本物ではないようです。本物でなければ何か？　偽物です。

〝実るほど頭を垂れる稲穂かな〟といいます。人によって態度が大きく変わる人は本物ではありません。では、立派な人はなぜ謙虚でいられるのでしょうか。それは3つの「ジ」があるからではないでしょうか。実力・実績・自信の3ジがあるからこそ不必要に威張る必要はないのです。

向上心と向学心も重要な特徴です。経営者の方を対象にした講演などで講師として話をさせていただくことがありますが、そんなときに平均年齢が60才以上の優れた経営者が大勢やってきてくれます。それだけ、勉強しているのです。2つの意味で人の話をよく聞いています。1

つは何月何日どこでどういう講演会があるとか、勉強会があるという情報を耳に入れると、忙しい人たちですがマメに足を運んで話を聞くチャンスを増やそうとしていることです。そして、積極傾聴の姿勢があります。人の話を聞くものごしや態度が熱心です。うなずいてみたり、笑ってみたり、わがことのように聞く。しかも、熱心にメモをとっていたりします。私はあまり実ってはいないのですが、頭の垂れる思いがします。

人はどんなに熱心に聞いた話でも、48時間以内にその98％を忘れてしまうといいます。忘れないためにやれることは、メモをとる、あるいは、24時間以内に自分の口で人に話すことです。人に話すにはその内容を理解していなければいけませんから、忘れないための方法としてはより効果的だと言えます。

❖手取りの5％は才テクに回す

私が若い人によく言っているのが、「手取り収入の5％は才テクに使おう」ということです。そうすることによって自分の付加価値が高まります。能力がついて、それが人に認められれば、ゆくゆくは給料も上がります。つまり、才テクは収入増にも結びつきます。「才テクの道は財テクにつながる」のです。これは半分は冗談ですが、「勉強しろ」というのは本音です。

また、「1日4回メシを食え」とも言っています。三度のメシはコメやパンのメシ。もちろん麺類だって構いません。ただし、残りの一度は活字のメシです。1日30分でもいいから本を読むようにしよう。これを続ければ自分の知識を広め教養を高めるのに大いに役立ちます。

会社の中に勉強しようという雰囲気がある会社は、伸びる会社です。トップからそういう姿勢を示したいものです。そういえば、英語には「ラーニング・オーガニゼーション」という表現があります。〝学習する組織〟という意味です。学ぶ環境は学ぶ人がつくります。

次に価値観が確立しているかどうかです。いわゆるバリュー・システム。これが必要です。社会的地位が上になればなるほど、周りに対して気を遣うようになってきます。少なくとも私の場合はそうでした。常務時代の方が社長時代より気分的には十倍も楽だったような気がしたものです。

ビジネスリーダーとしてグイグイ人を引っ張っている人を見ると、ワガママは言いませんが、「これに関してはわがママを通すよ」と「ワガママ（我が儘）と「わがママ」を使い分けています。自分なりの「座標軸」や「文法」を持っていると言ってもいいでしょう。

感性のKも重要です。経営には数字の裏づけを伴った論理性が必要なのは言うまでもありません。それを取り巻く周辺分野にはGNN、義理と人情と浪花節的なものも必要なのです。人間は経営を動かしている中心的な存在。頭もあれば心もあります。そうした人間を使って経営を行っている当事者である経営者は論理性ばかりでなく、感情を解する心が必要なのです。少なくとも私の体験したところでは、ＭＢＡ卒業者のほとんどが役に立たないのは、論理や数字や分析力は学んでいても、人の心を学んでいないからです。ＩＱは高いがＥＱがお粗末という感じがします。

心ある経営者は感性という心を磨く努力をしています。よく観察すると、ホンモノに触れる機会をつくろうとしているという傾向があるようです。芝居とか映画とかコンサートとか……何でもいいですが、自分にとって興味の持てるホンモノに触れる機会を生活の中に採り入れています。

そして、もう1つ。異業種の人と付き合っている人も多いようです。知識や情報、感性の範囲を広げるのにこれは大きな意味があります。こうした活動は結局は自分の本業にプラスになって戻ってきます。

さらに、年代の違う人との付き合いにも積極的です。30歳代の人ならば60歳代のメンターと付き合っています。新しい知識に触れることはできないかもしれませんが経験から培われた貴重な智恵に接することができます。逆に20歳代の若い年代の人に触れるのもいい刺激を受けることになります。

10歳違ったら、日本人同士でも外国人と思えという表現がありますが、確かにそんな面がないとは言えません。先日、28歳の編集者に会ったら、「いまは20歳と19歳とでも相当な知識や感性のギャップがあるんですよ」と言っていました。

9時から5時の間の仕事関係の付き合い以外にも、〝異質の人〟と接する機会を意識的につくってみてはいかがでしょう？　多様化（ダイバーシティ）時代には、多様な人々と付き合おうということです。社員同士の付き合いだけでは同様化の蛸壺にはまってしまいます。

優れたリーダーは優れたコミュニケーターである

❖人間関係は生産性向上の潤滑油

アメリカの労働科学研究所の調査によると、生産性を向上させる主な要因として人間関係があるということです。これがおよそ40％、仕事のやり方の改善20％、組織の改善20％、その他20％という順番になっています。

生産性を上げる要因の最も大きなものが人間関係なのです。また、こんな調査もあります。あの人は人間関係がうまいという人たちと、そうでない人たちとの年収の比較をしてみると、前者の方が後者より40％ほど高かったというのです。

一昔前どころか、四昔前の話です。関東地方の営業所に勤めていたときに、上司がわれわれ課長クラスによく言っていたのは、「職場というのは社交クラブではないんだ」という言葉でした。「目標を達成する、結果を出すところなんだ」。この鬼軍曹というあだなの上司の口癖でした。この言葉は、それなりに正しく、論理的です。反論の余地はありません。しかし、です。職場のみんながお互いを認め合っているような雰囲気や環境がその中に必要ではないでしょうか。みんながお互いを信頼し、尊敬しているからこそ、厳しい試練にも耐えられるのです。「暖かくて厳しい」。経営者が人間関係に留意しなければならないゆえんです。

❖経営者はKKKMHFを心掛けよう

経営者にとって、人間関係には注意したい2つの側面があります。まず具体的な行動面。とくに部下を使うときに気をつけたいことです。

私は頭文字をとってKKKMHFと言っています。順に説明すると——まず、最初のKは〝聴く〟ことです。コミュニケーションが上手だとか、あの人は立派なコミュニケーターだとかいうのがこのKです。

コミュニケーションというのは、上手に話すというより、上手に聴くというところに基本があります。少なくとも聴くことが先でなければなりません。口を開く前に聴くという〝積極傾聴〟の姿勢が必要なのです。

しかし、世の中に話し上手は多いが聴き上手は少ないものです。私は実際に三度ほどこういう実験をやったことがあります。

研修のしかけとして、上司が20名、部下が20名で参加するシステムをとりました。上長を１つの部屋、隣の部屋に部下を集めました。上司に「通常仕事の場面で隣の部屋にいるあなたの部下の話にどれだけ虚心坦懐《きょしんたんかい》かつ十分に耳を傾けていますか、０点から10点までで自己採点してください」と、質問をしました。すると20名のうち18名が６～８点をつけました。１人は９点、もう１人は６点以下でした。

今度は部下に逆に、「どれだけ聴いてもらっていますか」と質問したわけです。すると７～８割は３～５点の間の評価でした。

上司と部下の間にはこれだけのパーセプションギャップ（認識のズレ）があるのです。この実験結果から学ぶべきことは、通常、上司が聴いていると思っているほど、部下は聴いてもらっているとは思っていないということです。ということは、よほど突っ込んで聴いているんだという姿勢を示さないと、聴いてもらっているとは思ってもらえないということです。

なお、聴き方ですが、「聞く」と「聴く」とは違います。聴く方が望ましいのです。聞くは門の中に閉じこもって耳だけしか使っていませんが、聴くは文字通り耳に加えて心も目も使っています。また、聴くときには話している相手の気を促すような、適度な相づちを打ちながら聴くという習慣をつける必要があるでしょう。

話すよりは聴く方が４倍も大切です。これは生まれたときから神様が決めたものでもあります。というのは、耳は口よりも上にあります。話すことよりは聴く方が上位概念なのです。これが第1点。しかも、口が1つなのに対して耳は2つあるではありませんか。1対2の比率なんです。話す方は1×1で1、聴く方は1×2で2。しかも上位（2）と下位（1）の差もあるから2×2で4になります。だから、聴く方が4倍大事です。こんな変な理屈をつけて説明したりしています。

2つ目のKは、〝関与させる〟ということです。何かの決定を下す際に、そのプロセスに部下を関与させると、部下のやる気は3倍も高まります。

3つ目のKは〝決める〟です。経営者とは意思決定者です。これは胆識のところで詳しく紹介したことです。

❖任せ過ぎるくらいで丁度いい

そしてM。これは〝任せる〟ことです。ピーター・F・ドラッカーも言っていますが、人を育てる最高の方法は任せることです。よく言われることですが、私の体験から生まれた実感でもあります。正しい形での権限委譲をすることは重要なのです。このことも、先ほど紹介した40人の研修のときにも同様の実験をしました。すると、やはり同様にギャップがありました。

通常、部下は上長としてのこちらが任せていると思っているほど、任されているとは思っていないものです。大きなギャップがあります。

同じ間違うにしても、任せ過ぎと任せなさ過ぎとでは、長期的にみれば任せ過ぎの方がはるかにプラスが大きいようです。それは、なぜでしょうか？　人が育つからです。人が育てば部門が育ちます。部門が育てば会社が育ちます。

そしてH。〝褒める〟ことです。英語で「ストロークを与える」と言います。猫でも犬でも機嫌が悪くて怒っているときに、ちょっと首すじや背すじを撫でてやるとおさまるものです。何らかの関心を相手に対して示す。通常は褒め言葉ということになります。これを〝ストロークを与える〟というのです。

愛情の反意語は憎悪とよく言います。しかし、故マザー・テレサ（1910〜1997）は、憎悪の反対は〝無関心〟だと言っています。憎悪は少なくとも相手の存在が関心の中にあります。だからこそ憎むという気持ちが生ずるわけです。ところが、一方の無関心は、自分が相手にとってまったく無視されている状況です。これは人間にとって最も辛いものであるとマザー・テレサは言っています。

❖1日1回ストロークを

アメリカ人との比較で言うと、ストロークを与えるというのは日本人、とくに中年以上の男性は苦手のようです。照れがあるからなのか、そういう習慣がないからなのか……。これはいかんというので会社の廊下などで社員に会うと、「そのネクタイ、なかなかいいね」とか、「昨日のレポートよくまとまっていたよ」とか、「最近張り切っているね、その調子で頼むよ」とか、意識して、何かひとこと軽く褒めるようにしたいものです。

デール・カーネギー（1888～1955）的に言えば、あなたが人に与えることのできる最高のストロークは、心からの関心です。〝ストロークは相手の心に自信を生み出す〟という表現もあります。

あまりにも有名な古典的な実験があります。

かつてシカゴ郊外にあったウェスタン・エレクトリック社（現在のアルカテル・ルーセント）で、「経営者などによるちょっとした配慮が生産性の向上に大きな影響を及ぼす」というホーソン効果の実験が1924年から1932年まで行われました。

具体的には、生産性向上の効果を調べる目的で作業室の照明を明るくしてみました。予期した通り生産性は上がりました。実験が終了して、今度は照明を元の明るさに戻しました。すると、さらに生産性が向上したのです。何度も実験を繰り返しても同様の結果が出ました。

つまり、照明がどうのこうのというよりも、経営者が職場に注意を払っているということが刺激となって、生産性の向上に結び付いたわけです。それだけ、ストロークが大切だと言えます。

1日1回、人にストロークを与える。こんな習慣の積み重ねが職場の活性化を生んでいくのです。そして、みんなのやる気につながるという面も無視できません。

なお、自分が相当手伝った仕事でも、〝おまえがやったのだ〟と功績を部下に譲る姿勢も重要です。周りも本人も手柄を譲ってもらったのだということは百も承知なわけですが、〝上司がそれだけ自分のことを気にかけていてくれた〟と本人には印象深いものです。これは相当強いストロークを与えることになります。

最後のFは、〝フィードバック〟のFです。

組織で働く人にとって最も淋しく最も悲しいのは、会社や上司が何を期待しているのかが明確にわかっていないこと、自分の仕事ぶりがどう評価されているかがわからないことです。

そこで大切なのが、マメなフィードバックを行って、部下に期待と評価を明確にわからせることです。

〝ＫＫＫＭＨＦ〟。上司であるあなたがこれを実行に移せば、部下のやる気（モーティベーション）は必ず高まります。

第5章
〝朗働環境〟づくりの原理原則

「牢動」「労働」ではなく、「朗働」の環境をつくる

❖ 牢動・労働・朗働

時折さざなみのように笑いが漂っている職場。こんな職場づくりができれば、自然と社員は活性化してきます。そんな職場づくりのためにはどうしたらいいのでしょうか。

私は働き方には3つの種類があると思います。

1つは英語でいうドラッジャリー（drudgery）。いわゆるキツイ、キタナイ、キケンの3K的な苦役です。西欧風の感覚で言えば、一種の刑罰として苦痛のある仕事に従事することを指します。別に物理的にムチで叩かれたり、クサリでつながれたりしているわけではありませんが、精神的には会社という牢獄に軟禁されたようなものです。会社一筋の人、「社畜」状態のサラリーマン的な働き方と言えます。私はこういう働き方のことを、「牢動」と呼んでいます。牢屋の中で動いている動物のイメージです。

次に、肉体的にはキツイかもしれませんが、精神的な納得感はソコソコ味わうことができるような働き方もあります。これが「労働」、普通の働き方です。英語で言えば、ワーク・ライフ・バランスのワークに相当します。牢動とは違ってニンベンが付いている分だけ人間的な仕事ぶりと言うことができるでしょう。

最後に、私が理想と考えているのは、「朗働」です。これは労働に「楽しさ」や「満足感」、つまりファン（ＦＵＮ）やチャレンジの要素を加味したものと言えます。〝vocation〟とか〝calling〟がこれに当たります。ともに天職という意味です。転職ではありません。天職です。

❖朗働環境づくりの方法

朗働環境づくりには、会社の性格に応じてさまざまな方法が考えられるでしょう。私が心がけてきたのは、ちょっと社内の雰囲気が暗いなと感じたときにはジョークを1つ2つ飛ばして、明るい雰囲気づくりをするということです。常にジョークの5つか6つをストックしておいて、タイミングを見計らってさり気なく会話にはさみこんだりしました。

エスキモーは危険な地域を旅するときに、ジョークを飛ばし合ったりして、ニタッと微笑むそうです。次の瞬間何が起こるかわからないような状況では、緊張して筋肉が固くなっていては対応が後れてしまうからです。

医学的にも、笑うことによって血中インターフェロンは活性化し、ストレスが解消され、血液の流れがスムーズになるのだそうです。

岡山の柴田病院では、ユーモアスピーチをしたり聞いたり、落語や漫才を聞きに行ったりする「ユーモア療法」を行っています。この療法で、悪性リンパ腫が治ったというケースも報告されています。

「悲しいから泣いているんじゃない。泣いているから悲しいんだ」といいます。笑っているうちに、心が楽しくなっていることはよくあること。しかも、身体自体も笑いを歓迎しているわけです。楽しい職場環境づくりの一環としてジョークを積極的に活用することをお勧めします。

朗働環境づくりに役立つもう1つのアイデアは、仕事のFUN化です。ストレッチすれば達成可能というレベルの合意目標を設定して、それを達成すると何らかのインセンティブをつけたり、年に2度や3度は表彰パーティーを開いたりするなど、職場に合った方法を考えることができるでしょう。失敗だってお祭り騒ぎにしてしまう、ひと頃のリクルートのようなケースだってあるくらいですから……。

「募集力・教育力・定着力の3つに欠ける人間集団は、他に後れをとる」という日清紡の元社長である故・桜田武（1904〜1985）の名言があります。若い人たちを魅きつけて、育て、引き止めることのできる会社は、朗働環境の整っている会社ではないかと思います。逆に言えば、朗働環境の整った会社にこそ人は入りたがり、定着率も高くなるわけです。

働くことにより楽しみや喜びを味わうことのできるような職場づくり、環境づくりを進めたいものです。「そんな都合よくいくだろうか？」とハナから疑問視しているような経営者に率いられている会社は、現状より伸びることは金輪際ないでしょう。モノゴトはあくまで肯定的に捉えてチャレンジすべきです。

最後に、朗働の気持ちを社員に持たせるために最も基本的な条件は、〝わが社にはお客様に喜ばれ、社会的にも役立つ良い仕事をしているのだ〟という誇りを社員の心に醸成させることです。虚業ではなく、正業なのだという感覚は朗働感の生みの親です。

経営者に求められるのは4つの精神

❖ 強くなければ生きていけない

経営者としての人間的側面、求められる精神には4つのSがあります。

まず、ストレングス（strength）、強さです。

実力や実績のある人には黙っていても人がついてくるものです。あの人の後をフォローしていけば、安全である、自分にメリットがある……と考えます。そのために、経営者として人の上に立つ人間は、とりあえず〝強さ〟の持ち主である必要があります。〝得意泰然、失意端然〟という言葉がありますが、こうした精神的強さが必要になってきます。

あの部長は今日はイライラしているから、この書類を出すのは来週にしようなどと、部下からいちいち顔色を伺われるような人間はその瞬間からリーダー失格だと言えます。

センシティビティ（sensitivity）が2番目のS。感受性も重要です。環境の変化や人の気持ちに対する洞察力や思いやりのことです。

経営者は人の気持ちに対する心理学者的な能力を持っている必要があります。ある調査によると、トップの態度が気配り型と押しつけ型の場合の職場の生産性を比べてみると、前者が100とすると後者は39だったと言います。せいぜい3分の1強に過ぎないのです。

禅問答的になりますが、経営者というものは相手が何を言ったかということで相手を判断、理解できるのはもちろんですが、相手が何を言わなかったかということから、相手の気持ちを忖度《そんたく》できなくてはいけないのです。まさに経営力には心理を読み取る能力が欠かせません。

❖職場にさざなみのような笑い声

そして、スマイル（smile）。私の長年の経験に基づいた強い信念の1つに、「職場にはスマイルが必要だ」というのがあります。何度も繰り返しますが、「職場の中で、ときたま笑い声がさざ波のように漂う会社は活性化している」のです。

英語に、シアリアス（serious）という言葉があります。この言葉、「深刻」という意味と「真剣」という2つの意味を持ちます。真剣とは一所懸命ということです。真剣な中にも和やかな職場。スマイルとは笑っているというより、職場の中が明るいというイメージの言葉なのです。笑うことのメリットは医学的にも認められているわけですから、キープ・スマイリングでいきましょう。

私自身は朝、会社に到着したときに部屋に入る前に鏡の前で軽い笑顔をつくってみてから社員の前に出るように努めたこともありました。とくに、宿酔などで冴えない表情のときには、なおさらです。その結果、「新さんはいつも機嫌がいいですねえ」などとひやかし半分のお褒めの言葉をいただいたこともあります。

少なくともトップが暗い顔をしている職場が明るくなるはずはありません。経営者はキープ・スマイルの気持ちを忘れないことです。なお、現役社長の頃の私はスマイルカードというものを財布の中に入れていました。これは表にニコニコマークが描いてあって裏が鏡になっているもの。人に会う前にちょっと自分の表情を確かめるのに役立ちました。

❖部下のために命を投げ出せるか

セルフ・サクリファイス（self-sacrifice）、自己犠牲も重要です。

山岡鉄舟と清水次郎長の話があります。

「お前は手下（部下）の数も多い。街道一の大親分である。親分のために命を投げ捨ててもいいという手下も多いんだろうな」と鉄舟が聞くと、次郎長は、「ナニ、そんな奴は1人もいやしません。でも、アッシならばいつでも手下のために命を投げ出すことができます」と答えたそうです。

イギリスの作家オスカー・ワイルド（1854～1900）は「人間とは本質的に自己中心的な動物である」と言っています。確かにその通りだと思います。でも、自分に少しでも余裕があるのであれば、いささかの自己犠牲を行う気持ちもあって欲しい。それがまったくない経営者には部下はついてきません。〝ノブリス・オブリージュ〟(noblesse oblige)。日本では限りなく死語になりかけているこの言葉の意味をかみしめたいものだと思います。

教育費は「コスト」ではなく、「投資」である

❖ 戦略（事業計画）に沿った人育て

朗働環境づくりにトップが果たす役割は大きなものがありますが、トップ一人で築くことができるというわけではありません。幹部社員の成長という要素も必要なのです。そこで、社員育成に直結する教育研修について考えてみたいと思います。

まず、社員教育のあり方の5つの原則を紹介しましょう。

押さえておきたい第1点は、戦略（事業計画）に沿った人財育成を行っているかどうかということです。

その場の思いつきとか、どこどこにおもしろそうな先生がいるから……といったつまみ食い的な教育研修ではいけません。たまにはつまみ食いもいいのですが、肝心なのは主食です。将来的にこの会社をどういう会社にしたいというビジョンと目標がある。その実現のための戦略

はこうである。だから、その戦略を実現する能力がある社員をつくるのだ。したがって、どのレベル、どの階層の社員に、いつどういうことを教育していくのか――どうやって育てていくのかという、長期と短期の人材育成のためのシナリオがなければなりません。

そのシナリオが会社の戦略（事業計画）に則って立てられている必要があるのは当然のことです。実務的な詳細は教育の担当者に任せてもいいですが、基本的なところ――どういう社員をつくるのかといった、社員のあらまほしき姿――は会社の戦略に沿ったものでなければなりません。これに関しては権限委譲をすることは許されません。経営者の責務です。

次に重要なのは、スキル＋コンセプトがあることです。

前述のように、才の部分と徳の部分を合わせ持った人間をつくる必要があります。スキル志向に軸足を置きすぎると単なる職人集団になってしまう。そこで、特に徳の部分については、経営者自らが模範を見せることが必要になってきます。自責でモノを考えるとか、胆識でいくとか、常に肯定思考で行動するとか……。

私自身がよくやったのは、社内で「勉強しよう会」という会をつくって、技術的な面も勉強するが、時には禅のお坊さんや経営者を呼んで話をしてもらうといったバランスの取れた教育を心がけたものです。また、毎月１回は10～12、13人の社員を集めて昼食をはさんで２時間から３時間ぐらい「社長と話そう会」を開いたりしました。ここでは、技術、営業、開発と幅広い人間がいるので細かな才（スキル）の話をするより、社員としての心構えなどをわかってもらおうと、徳（マインド）に比重を置いた勉強の場づくりを心がけました。1回や2回こうした機会をつくって話をしたところで、それがすぐに人間力の向上に結びつくというわけではありませんが、やらないよりははるかにベターだろうと信じています。執拗に繰り返して、こうした活動を行うことが、だんだんと企業文化づくりにつながっていくものなのです。

❖ 80対20の法則で考える

これも原則中の原則ですが、私は80対20の法則を信じています。

イタリアの経済学者ヴィルフレド・パレート（1848～1923）が唱えた「入力したもののうち20％が全出力の80％をもたらす」という法則を、私なりに柔軟に解釈して活用しているものです。たとえば、以前の会社で社長をやっていたときには上位20％の売上貢献度の高い代理店が75～80％の売上高のシェアを占めていました。ですから、この20％の代理店との関係をさらに強化するほうがすべての代理店にヒト・モノ・カネの経営資源をまんべんなく充当するより、コスト、時間、効率の各面でメリットがあります。このように100の中からとりわけ重要な20％を探し出して、それに経営資源を集中的に投下しようというわけです。要は「メリハリを利かせる」ということです。

この80対20の法則に則って言うと、教育訓練というのは80％はＯＪＴであり、残りの20％がＯＦＦ・ＪＴのバランスが必要なのです。あくまで教育訓練の基本は仕事の場であるべきだと思います。

心すべきは、ＯＦＦ・ＪＴだけを一所懸命やっているから、教育研修ができていると思い込んではいけないということです。ＯＦＦの教育だけで事足れりと錯覚してしまいがちですから、このことは十分注意したいものです。

80対20の法則で言えば、大切なのは80％の職場の方です。それを疎かにしていては、本末転倒ということになってしまいます。確認しておきたいのは、会社の中に日常の仕事を通じて社員が学ぶことができるような雰囲気と仕掛け・仕組みづくりがあるかどうかということです。

❖金の素材を掴もう

原点に戻って採用そのものの重要性を強調しなければなりません。

どんなに鈍った金でも、金であるのならば磨けば光ります。銀はどんなにピカピカに磨いても決して金にはなれません。ましてや銅はドウにもなりません。幸いなことに人間は金属と違って、相性というものがあります。他の会社ではただの石ころのような存在でも、我が社では金の原石としての輝きを内包しているということはいくらでもあります。それだけに、我が社に合った人財――この会社でなら金となるだろうという金の素材を見極めて採用することが重要なのです。

それにはどうしたらいいのでしょうか。

私が行ったのは、自分が信頼している人に紹介してもらうことです。類は友を呼ぶといいますが、キチンとした人はキチンとした人を紹介してくれるものです。逆にダメな人はダメな人を紹介します。

面接のときには、必ず採用する側は複数で、複数回会うことが必要だと思います。こちらが1人だと、悪意はなくとも善意の偏見が紛れ込んで判断を誤ってしまう恐れがあります。

採用について心を配っていたもう1つの点は、知識の量よりむしろ、目の光を見るということです。具体的には、その人間がどういう考えの人間なのかを調べることです。肯定人間なのか否定人間なのか、人生に対する考え方はどうなのか、真剣にモノを考えているのか……ということを口から出る言葉の評価に加えて目の光と声の張りで評価するわけです。

知識の教育は後でいくらでもできますが、基本的な人間性の教育はなかなかできるものではありません。したがって、採用時点での注意が極めて大切になるのです。

「キャラクター（人柄）で採用せよ。スキルは（採用した後で）教育せよ」という言葉もあります。

教育研修の継続性も挙げたい要素の１つです。

会社の業績が悪化するとカットされやすい３Ｋは、広告宣伝、研究開発費とならんで教育研修費です。バッサリと半減、場合によってはもっと削減する企業が多くあります。ダメな会社の典型的なパターンです。教育は一過性ではいけません。教育は継続することに意味があるのです。ですから、教育訓練費はコストではなく投資と考えて、目先の業績の変化に右往左往せずに継続して行うことが肝要です。

①戦略（事業計画）に則った教育研修計画
②スキル（才）とマインド（人間力）のバランス
③80％のＯＪＴと20％のＯＦＦ・ＪＴ
④金の素材採用に注力
⑤継続性

以上の５つの原則を実行に移していただきたいものです。

教育訓練の投資は時間の経過とともにボディブロー的に効果を現しはじめます。まさに〝会社育ては人育て〟なのです。

やる気を起こさせる仕掛けづくり

❖トンネルの先に光を

「ウチの社員は活性化していない」などとこぼす経営者がいます。こういう人は、自分の無能をさらけだしているようなものだと言ってもいいでしょう。圧倒的多数の社員は、やる気を起こすような仕掛けを考えてアプローチすれば、自然とやる気を起こすものです。

では、社員の心の活性化を促すためにはどうしたらいいのでしょうか。

これまでの体験から導き出した社員活性化の原則を、私は「V＋ODA」として表現しています。

まず最初のV。これはビジョン（vision）のことです。長期的な視野に立った理念と言っていいでしょう。わが社はこういった会社になるのだという、将来のあらねばならぬ会社の姿を具体的にイメージします。この下敷きの上に、社員に対してはODAで行こうという提案をしたいのです。

❖ビジョンに加えてＯＤＡを

次のＯＤＡとはオブジェクティブ（目標　objective）、デリゲーション（権限委譲　delegation）、アプレイザル（評価　appraisal）の頭文字をとったものです。これを正しく行うことによって、95％以上の社員は問違いなく活性化します。

まず、最初のＯである目標の与え方を紹介しましょう。

目標にはザックリ分けると次の４つのタイプがあります。

①　漠然とした曖昧目標
②　こうしたいという努力目標
③　押しつけられたノルマ目標
④　合意に基づいた納得目標

ある調査によると、一方的に押し付けられた目標をやるよりは、策定の過程で自分も参加して合意に達している納得目標を追いかけるときの方が、その目標を達成しようという意欲・情熱が2・6倍も高いということです。どうやってこの数字が導き出されたか具体的なことはわかりませんが、私の経験から言っても確かにそうだとうなずくことができます。

では、どうやって押しつけでない目標づくりを進めていったらいいのでしょうか。

私は目標の与え方には3つのポイントがあると思います。

その1つは、事前の合意です。事前の合意のもとに出来上がった目標は、社員にとっては〝マイベイビー〟ということになります。当然、可愛いし、育ててやろうという気持ちも強くなってきます。合意目標をつくるためのポイントが「関与」であることは前に述べました。

2番目には、数字的に把握が可能な目標を設定することです。

数字的に把握できなくては、その評価に感覚的なものが入り込んでしまいます。それを排除して、ハッキリと結果が目に見えるためにも数字で把握できる目標が望ましいのです。

営業や製造は数字的な把握がしやすいが、スタッフ部門はやりづらいという声があります。しかし、これもちょっとした気働きでクリアすることができるでしょう。たとえば、「社員の評価制度の見直しを6月末まで行う」とか、「ボーナス制度についての検討を7月までに完了する」など、期限を切って具体的に考えることです。

3番目は、達成可能な目標であること。英語では「チャレンジング(challenging)でかつアテイナブル(attainable)」と言います。〝挑戦的ではあるが達成可能〟という意味です。私はこれを〝やってやれないことはない〟と表現しています。イメージで言えば、その社員の現在の力量より15～20％程度上回っている程度の目標、困難ではあるが努力すれば手が届く程度の目標がよい目標と言えます。平安時代の能書家である小野道風《おののみちかぜ》の有名なエピソードに登場する柳に飛びつく蛙の姿を思い浮かべてもらえばいいでしょう。何度かチャレンジするうちに、飛びつくことができるというレベルの困難性の目標です。

人を育てるための正しい権限委譲と評価のやり方

❖ 権限委譲ができない人の４つの原因

権限委譲ができない人や、やらない人がいます。私の見たところ、それには４つの原因がありそうです。

① 人を育てることが必要だという認識がそもそもない
② 認識はあっても、自分の方が仕事ができるため部下に任せることが心配
③ 部下に任せたら、自分よりうまくやるかもしれないという恐怖感がある
④ 正しい権限委譲のやり方を知らない

では、どうしたら正しい権限委譲ができるのでしょうか。

まず、事前の瀬踏みを行うことです。よく「人を見て法を説け」ということを言います。部下一人ひとりの能力が違うし、やる気も違う、経験も違う……そういう人に対して任せるのに、一律の目標を与えたり、権限を与えたりしてもうまくいくわけはありません。それだけに、どの人間にはどれくらい任せていいのか、一人ひとりの経験と能力に関して事前の瀬踏みをしておくことが必要なのです。

新人には手とり足とり仕事を教えて、任せない代わりに〝あれをこうやれ〟と指示を与えるのが正しいやり方でしょうし、ベテランにはその人の力量に応じただけ任せることが正しいやり方なのです。ケースバイケースで評価しなければいけません。経験と力量に応じたデリゲーションが必要なのです。

❖中間報告は必ず受ける

次に、「報告は必ず受ける」ということ。任せたからといって任せっ放しにはしません。最終的な結果報告はもちろんですが、途中にも何度かは中間報告を受けることが必要です。このことは事前に部下と合意しておく必要があるでしょう。不必要な介入をするのではなく、前もって月に一回とか、いついつに報告を受けるとか、問題によって頻度は違ってくるでしょうが、前もって決めておいた方が、ある日突然、「おい、あの件どうなっている？」などと報告を求めるより、何倍もいいでしょう。

なお、報告の受け方はなるべく単純にして、時間がかからない方がいい。中間報告はあくまでも中間報告であって、40ページもの報告書が必要なのではありません。口頭で数分程度であっても構わないのです。

そして、「指導する」という姿勢も必要です。とくに次の2つのケースでは必要になります。

まず、第1は部下から助言や援助やアドバイスを求められたときです。

獅子の子ならば崖から落として放っておいてもいいかもしれませんが、人間の場合は何らかのアクションを起こす必要があります。「任せたんだから」と時にはあえて突き放すことが、教育的見地から必要なこともあるでしょうが、通常の場合は何らかの手を打ってやることです。

もう1つ指導すべき局面は、明らかに部下が仕事を進めていく方向と方法が間違っているときです。そのときには任せたから、そのままやらせておけという態度ではなく、こちらから手を差し延べてやった方がいいでしょう。手遅れになると、キズ口が広がって後でフォローが利かなくなる恐れがあります。

逆に言うと、少しくらいやり方がおかしい場合でも、任せた以上は部下の方法に委ねるという度量と度胸を持つということです。

❖評価の3つのポイント

仕事を任せたとして、その後の評価が正しく行われないのでは、画竜点睛《がりゅうてんせい》を欠いてしまいます。では、どのように評価したらいいのでしょうか。

私は評価にはポイントが3つあると思っています。それは、①なるべく早く、②結果（リザルト）と過程（プロセス）の両方を評価、③信賞必罰《しんしょうひつばつ》――です。

以上述べたような態度で目標を与えると社員にとってはどんなイメージとなるでしょうか。

自分も自分の目標策定に関わっているわけですから、自分の目標は自分のものになります。当事者意識が生まれます。当然、やりがいが出てくるでしょう。しかも、やり方は自分の個性や主体性を尊重して任せてもらっています。そこで、自分でいろいろ考えてやってみようという気持ちに駆り立てられるようになってくるわけです、さらに、出来上がった結果は数字的に確認できますし、早いタイミングでアドバイスを受けることによって、前向きな気持ちで評価してもらえます。

こんな具合に仕事ができるチャンスに恵まれている社員は、普通ならば「ヤッタルデ！」という気になるはずです。

経営者として社員に接しているあなたにとって、いま必要なのは、V＋ODAの基本に戻って部下に対するリーダーシップを発揮することです。

ワクワクモードの組織のつくり方

❖組織にＫＩＳＳを

アメリカ人のビジネスパーソンはよくＫＩＳＳします。ＫＩＳＳと言っても、〝キープ・イット・シンプル・スチューピッド〟の省略です。「バカもの、シンプルにしろ！」という意味です。

人によっては、スチューピッド（バカ者）の代わりに、スピーディー（早くしろ）と言うこともあります。「Keep it simple and speedy.」（シンプルに、スピーディーにやれ）ということです。

頭のいい人とは、一見複雑に見えることを単純化できる人のことです。反対に、頭の悪い人は単純なことを複雑化する人のことです。前者は私、後者は大方の大学教授です（これは悪い冗談です）。組織の活性化でも必要以上に複雑化して、非活性化してしまうということはよくあることです。

組織の活性度を保ち、高めるためにはどうしたらいいのでしょうか。ちょっと理屈っぽくなりますが、我慢してお付き合いください。

ズバリ言うと、①スタッフミニマムの原則、②階層ミニマムの原則、③統制範囲マキシマムの原則、④「○○付」ミニマムの原則、⑤委員会ミニマムの原則——の５つの原則を守ることです。

まず、①スタッフミニマムの原則から紹介しましょう。

ミニマムとは最小化ということです。会社の機能から考えると、つくる人と売る人、それに束ねる人（社長）が、組織の中心、要であるべきではないでしょうか。

極論を承知で言えば、つくる人がいて、売る人がいて、他の人はすべてこのつくる人と売る人をサポートする人たちであるという見方をする必要があるのではないかと思います。人事部や総務部、経理部、購買部といった企業の部門はスタッフであり、サポーターなのです。ラインであるつくる人、売る人が、つくりやすく、売りやすく、安いコストでいいものが売れるよう総力をあげて助けるのがスタッフの役割なのです。スタッフは助け人なのです。

稼ぎ手は製造や営業であるわけですから、程度の問題はありますが、間接部門の人数を不用意に増やすのは危険だと言えます。必要性は決して否定しませんが、スタッフがラインに指示して動かすといった事態が日常茶飯事になってくるようですと、会杜はダメになってしまいます。スタッフがラインを支配するようになると危険だという意味を込めてのスタッフミニマムの原則です。

❖階層は少ないほどいい

次の②階層ミニマムの原則は、風通しのいい組織づくりに欠かせません。

あなたの会社ではトップからボトムまでの階層が何段階あるでしょうか。この階層が基本的に少なければ少ないほど、組織の風通しもよく、コミュニケーションもよくとれて正しい意思決定ができます。俗にコミュニケーションの質と量は、階層の数の二乗に反比例すると言われているほどです。

〝屋上屋を架する〟という表現があります。組織は可能な限りフラットであることが望ましいのです。フラット化している世界の中での組織はフラットであるべきです。

会長→副会長→社長→副社長→専務→常務→取締役→部長→副部長→次長→課長→係長→主任……肩書きのオンパレードです。中には、「何にもセンム」や「ジョウムで長持ち」「部長心得違い」「課長心得待ち」など、あってはならないような肩書きも混じっていたりします。

もちろん、適正なスパン・オブ・コントロール（1人の管理者が何人管理できるか）の問題が絡んできますが、なるべく階層数は減らした方がいいと思います。

中間の階層が多ければ多いほど、トップの意志が正確に伝えづらく、誤って伝わることも多くなってしまいます。ボトムアップの意見についても同様です。ＭＢＷＡも重要ですが、組織自体の簡素化の方が、手間がかからずにいいコミュニケーションを生んでくれるためにははるかに効果的です。中小企業でありながら社長から一般社員の間に３つ以上の階層がある会社はそれだけでダメな会社と断言できます。
③統制範囲マキシマムの原則も重要です。
マキシマムとは、ミニマムの最小化に対して最大化のこと、１人の人間が、どちらかと言えば多くの部下を持った方がいいということです。これによって、階層の削減にもつながりますし、責任が広く重なりますから人材が育ちやすくなるというメリットもあります。

ただし、必要な部下の数は仕事内容によって変わってきます。たとえば、定型的な仕事になりがちな営業や製造の現場などでは、ある程度部下の数が多くてもいいでしょう。営業の支店長などは１人で10～15人程度の部下を持ってもマネジメントしきれると思います。製造などでも同様です。一方、スタッフの場合、とりわけ違った機能を持つスタッフをマネジメントする場合には５～８人程度がいいところかもしれません。

いずれのケースでも、多少多いなと思われるくらいのストレッチした数の部下をマネージした方が、自分も育つし、任されることが多くなる分だけ部下も育ちます。

❖曖昧な地位や組織をつくらない

階層の簡素化ともつながりますが、④〇〇付ミニマムの原則も重要です。

たとえば、部長付とか部長補佐といった、権限がどこにあるのかハッキリしない盲腸のような〇〇付はやめにした方がいいでしょう。銀行の「支店長代理」「支店長席」など、ライン職であるとそれなりにハッキリしている場合にはあまり実害がないかもしれませんが、これらのスタッフ職にスタッフ的な機能を期待すると組織は混乱します。

社長が息子に帝王学を仕込むために、限定された期間、手元に置いて教育しようといった計算のあるときには、〇〇付なども効果を発揮しますが、そうでない場合にはなるべく避けることです。

委員会の乱用も避けたいものです。⑤委員会ミニマムの原則とはそれを意味しています。

ＣＳＲ（企業の社会的責任）とか、企業文化づくりとかいった会社全体にかかわる大きな問題や、まったく新しいことをやるときには委員会も効果を発揮します。また、若手社員が他の部門の普段ではなかなか会えないような上位の人間と委員会のメンバーとして知り合い、刺激を受けたり啓蒙されるといった、副次的なメリットもなくはありません。

ただし、委員会偏重が進むと、本来の組織が正当に機能しなくなる恐れがあります。委員会でなければ、モノゴトが進まなくなってしまいかねません。それで「イインカイ?」では洒落にもなりません。

故ジョン・F・ケネディ(1917~1963)米大統領は、「委員会とは1人の仕事を行う12人の人間である」と皮肉な定義をしたといいます。私はそこまで否定的には考えていませんが、委員会づくりは慎重に行うべきだと常に主張しています。委員会をつくるときには、その目標と期待をハッキリさせ、委員会でなければならない理由を再三検討した上で踏み切るべきです。

以上の5つの原則を念頭に置いた上で、あなたの会社の組織の現状を分析してみてください。改善の余地はないでしょうか。

❖ 組織を見れば社長の思いがわかる

経営者の考えを最も如実に表しているのが組織と人事です。何がどうだという前に、組織を見てくれと言えば、経営者が何を考えているか、経営思想(もしあれば)といったものがよくわかります。したがって、組織と人事という問題は最も重要な問題であると言ってもいいでしょう。

そのために心すべきことは、「組織というものは目標を達成するための道具である」ということです。そのための人事なのです。その組織を動かすためにはどんな人間が必要かで考えるべきでしょう。

英語の諺《ことわざ》に、犬が尻尾を振るのではなく、尻尾が犬を振る、というのがあります。たまたまこういう人がいるからと、その人に合わせて組織をつくったり、仕事をつくったりするのは本末転倒なのです。組織はあくまで目標を最短距離で効果的に効率よく達成することを最大の眼目として構築しなければなりません。

これはガチガチの組織をつくれということではありません。最初の頃のソニーの厚木工場には組織図すらなかったといいます。また、ヒューレット・パッカードの創設者の１人であるデビット・パッカード（１９１２〜１９９６）は、「組織が有効に働くためには、組織図とはたとえ関係なくとも最も自然で効率のいいチャネルで情報伝達が行われる必要がある」と言っています。

目漂が明確であれば、いったん出来上がった組織にこだわる必要がないということかもしれません。

最後に、『エクセレント・リーダー』に紹介されていたマークス＆スペンサーの経営簡素化の一般原則を紹介しましょう。

①「ほどほど」にする――完全主義は身の破滅を招く。
②報告書はいっさい廃止（どうしても必要な場合にかぎり、例外として認める）。
③マニュアルはいっさいなし――いつ起こるともかぎらない偶発的なことがらに関して、細々と規則を設けることはしない。
④組織の統合――細分化された組織を廃止して、大きな組織だけを残す。
⑤社員を信頼する。だから監視をやめる。そうすれば時間もスタッフもおカネも節約できるし、社員も自信をとりもどし、責任感も強くなる。監視は抜きうち的、選択的に行う。四六時中見張りを置いてチェックするよりも、生産性が向上して、好ましい結果が得られるうえ、コスト面でも助かる。

組織論は、洋の東西を問わず、最も重要な経営課題の1つです。あなたの組織はうまくＫＩＳＳしているでしょうか。

第6章
勝ち残る企業のグローバル化への対応

グローバル化の波に乗り遅れるな

❖狭くなった地球

共生という言葉があります。これはもともと生物学用語。異種の生物同士が緊密な関係のもとに生活をしている状態を示しています。これによって、その双方（時には一方）がメリットを得ているわけです。

最近では、経営でも共生主義が叫ばれています。もう一段高いところには共創主義がありま す。少子高齢化という避けることのできないトレンドの中で日本の国際競争力は確実に地盤沈下を起こしています。２２４ページ上の図3をご覧ください。２０１０年における日本のGDPの世界に対する比率は８・５％でした。それが２０２０年には４・９％と半分近くに減るという予測があります。逆に目覚ましい成長を遂げるのは中国で２０１０年の８・７％から２０３０年には21・７％と世界の４分の1を占めてしまうだろうという勢いです。また、この年（２

０３０年）には中国のＧＤＰ（21・７％）はアメリカ（19・３％）を上回るという予測です。２０３０年というのはそれほど先のことではありません。さらには、２０５０年には世界全体のＧＤＰに対して日本のＧＤＰが占める比率は何と２・０％という予測さえあるくらいです。１９９０年頃は確か14％か15％だったことを考えるとゾッとする数字です。

短期はいざ知らず、中長期的に考えれば、韓国や台湾、次にはＢＲＩＣｓ（ブラジル、ロシア、インド、中国）の経済発展が日本を上回ると言われている中では、日本の企業は何らかの脱皮をする必要があります。脱皮をしない蛇は死ぬのです。ありふれた言葉で言えば、パラダイムシフトとか従来のビジネスモデルの見直し、さらにはグローバルな視野に立ったグローバル戦略の樹立ということです。

グローバル戦略の一環として、日本の主要企業が自社の全売上高に占める海外売上高の比率をどのくらいまで高めようとしているかを示すのが、２２４ページ下の図４です。すべての企業が当面の目標として海外比率を最低でも50％にしようとしている姿勢がうかがえます。それどころか、本社を海外に移すとか、日本と海外に複数の本社を持つ動きも出ています。

世界がますます１つになりつつあるということです。ボーダーレス・エコノミーが定着したと思ったら、ゆり戻しのようにＥＵ経済圏が形成され、そこにギリシャに端を発した経済的地震が起きて、欧米各国の思惑が鎌首《かまくび》をもたげています。しかし、どんなにキシミがあろうとも、

■図3　世界各国のGDPシェア

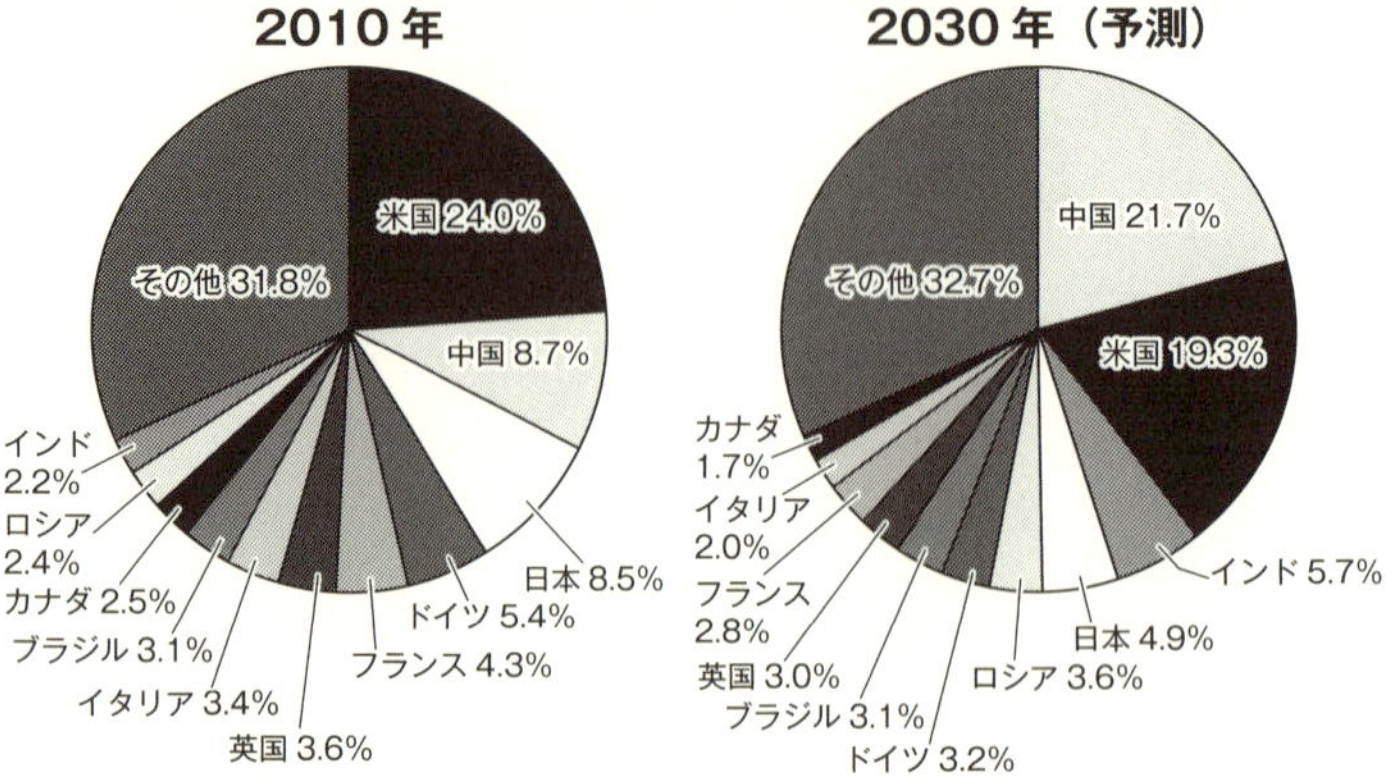

出所：IMF、Goldman Sachs、global economics Paper No.153データに基づきモーニングスター作成

■図4　主要企業の海外売上高比率の目標

（カッコ内は直近の海外売上高比率）

企業名	海外売上高比率	目標年度	計画達成に向けた主な取り組み
川崎重工業	65%（48%）	2020	省エネ型の輸送機械やインフラの開発強化
東芝	63%（55%）	2012	インド、中国などのソフト開発要員を5年後7割増に
三菱重工業	63%（49%）	2014	海外グループ会社の人員を37%増の1万5000人に
第一三共	56.5%（50.8%）	2012	買収したインド子会社の製品を中南米などに輸出
パナソニック	55%（48%）	2012	新興国向け普及価格帯商品の開発へ研究拠点を新設
住友化学	53%（45%）	2012	サウジアラビアでの石化合弁事業がフル稼働
日立製作所	50%超（41%）	2012	海外人員を25%増の16万1000人に
NEC	50%（20%）	2017	中華圏の市場開拓へ統括営業組織を新設
神戸製鋼所	50%（約30%）	2015～20	独自開発した炉をアジアに建設し、製鉄事業を展開

マクロトレンドとしてのボーダーレス化は進む一方でしょう。

とくに最近では、外国人就労者の数も激増しています。大企業ばかりでなく、中小企業でも内なる国際化（外国人就労者の取り込み）が進んでいるのが実情です。

日本的経営の良い面は残しながらも、世界に通用するビジネスモデルを構築することが急務となっています。トレンドの波に乗り遅れたパナソニック、ソニー、シャープなどはこの点、大きな難題を抱えていると言えるでしょう。

ヒト、モノ、カネのグローバルな流動化が進む、狭くなった地球の上でいかにビジネスを展開していくか。この命題に対する答えを政府や官僚に求めてもムダというものです。答えは各企業が出さなければならないという自責の覚悟が必要です。

❖グローバル化とは何か

グローバル化について考える前にまずハッキリさせておきたいことがあります。それは、企業経営に関する限りでは、「国際化」という概念は古いものになっているということです。

時系列的に追ってみると――。

１９６０年代は輸出中心型、１９７０年代は現地化型、そして１９８０年代前半は国際化（インターナショナリゼーション）の時代だったと言えるでしょう。

これに対して、1980年代後半からは多国籍化の時代に入ってきました。そして、1990年代を経て現在はグローバル化と、少なくとも経済の面では世界は1つになりつつあります。換言すれば無国籍化ということです。

経営資源の中心が、ヒト・モノ・カネから、ヒト・モノ・カネ+情報へと広がりを見せて、それに企業文化が加わるというグローバル化への道を歩んでいるのです。

言い換えれば、1つの国ともう1つの国との関係という感じのインターナショナル（国際化）の時代は過ぎ去ったと考えた方が、こと経営に関しては正しい認識だと言えるでしょう。

国際化に代わって出てきた概念が多国籍化であり、次はグローバル化（グローバリゼーション）ということになります。それでは、グローバル化とは何でしょうか。

私もメンバーの1人として加わらせていただいたことのある経済同友会で、こんな定義づけを行ったことがあります。

「グローバル企業とは、国境間の限定された市場のみならず、世界全体を複合化された異質市場の集合ととらえた上で、全地球的な視野のもとに生産、サービス、マーケティング、財務、研究開発、人事政策などの企業戦略を広汎に展開している企業を指す」

キーワードは、「全地球的な視野のもとに」ということになります。企業の業種や規模などによって、グローバル化の影響を受ける度合いは異なってくるでしょう。当然、対応の必要性の緊迫度も違ってきます。

しかし、通信情報機器をはじめ各種システム、交通機関、物流システムなどが驚くほどの勢いでグローバル化しています。繰り返しますが、経済面ではすでに世界は1つになりつつあります。これが経営に関係しないハズはありません。

いやしくも経営者として企業を率いている人間にとっては、企業の規模とは関係なくグローバル化が進む中で、グローバル人（グローバリスト）としての資質を備えておく必要があるのではないでしょうか。

備えることはそう簡単にはできないとしても、少なくともグローバリストたるには何が必要なのかだけは知っておく必要があるでしょう。

グローバル経営者の要件①　自国を知り、異文化を理解する

❖ グローバリストの前にまずローカリストでなくてはならない

経営者としてグローバリストであるためには、私は次の3つのコンセプトの順でモノを考えることができるようになればいいと考えています。

まず第1に、自国を知っているということです。

国際人とかグローバリストというと、どうしても外国通であるという印象の方が強くなってしまいがちです。しかし、国際的という言葉を見てください。これはインターナショナルの訳。インターナショナルとは、ナショナル（国家的）の前ににインター（～の間）が加わってできた合成語です。

理屈から言っても、国際的になる前に、国内的ないしは国家的なものが成立しなければならないことを、この言葉は暗示というより明示しています。外国のことを理解する前に、自分の

国の歴史や文化、経済、宗教、地理、人間について知識や認識がなくてはなりません。いま国際的経営者として活躍している方を拝見すると、確かに広義の文化的素養の深い方が多いような気がします。半分は希望を含めてそう考えています。

こう考えてみると、モノの順序としては、まず自国がわかり、その上でインターナショナル、さらにはグローバルな考え方や知識へと守備範囲を広げていくのが順当だということになるでしょう。

イギリスには、「走る前には、歩けなければならない」という諺があります。「国際人」「グローバリスト」である前に、まず「国内人」「ローカリスト」として合格点を取っていなければならないのです。

❖同質な部分・異質な部分を理解する

まず、自国を知っていることが重要なわけですが、第2のステップとしては、「彼我《ひが》の間の同質な部分がわかること」を挙げたいと思います。

日本的経営とかアメリカン・マネジメント、さらに日本人とアメリカ人、日本人とヨーロッパ人、さらには日本人と中国人……など、どうしても彼我の相違点に目が行ってしまいがちです。

しかし、国籍は違うといっても、同じ経営を考え、同じ人間を比較した場合、確かに相違点があるには違いありませんが、その前に圧倒的に多くの部分で類似点があるはずです。私の感覚で言えば、全体のザッと90％以上は類似点で、残りの10％未満が相違点であるに過ぎません。

たとえば、企業経営の特徴を比較した場合でも、いわゆるエクセレント・カンパニーは洋の東西を問わず、①企業文化・理念を重視し、実践し、時代の変化に対応するために必要に応じ改訂している、②長期計画を重視し、長短プランのバランスをとっている、③人を会社の財産として尊重している、④変化に対して迅速に対応している——といった共通項があることは、周知の通りです。

たとえば、企業内組合とか、年功序列制、根回しなどのいわゆる日本的経営の特徴を云々するとしたら、その前に、こうした共通性をキチンと把握しておくべきなのです。

モノの順番として、〝同じ部分〟を理解した後で、〝違いがわかる〟こととなります。

ある国際派の日本人経営者が苦笑いしながらこう言っていました。

「日本人とアメリカ人の考え方の差は5％かせいぜい10％程度しかない。だが、その10％を理解するのが骨なんだ」

確かに、経営であれ、政治、宗教、文化、社会習慣といった分野であれ、彼我の違いを容観的に正しく把握するのはなかなか難しいワザではあります。とは言っても高々10％程度の違いに過ぎません。そう恐れることはありません。

❖違いを容認し尊重する度量

違いがわかったところで、第3のステップとして、その「違いを違いとして許容し、尊重する」という度量が必要になってきます。

私の好きな英語の表現に、「We agree to disagree.」（お互いに意見を異にすることに賛成する）というのがあります。これをモジッて言えば、「We agree to differ.」（異なっていることを認め合う）ということになるでしょう。

アジア生産性本部の依頼で、インドのニューデリーで講演を行ったことがあります。私が一所懸命講演をしていると、聴衆の中の3人のインド人が話を聞きながら首を横に振り始めたのです。

「おかしいなあ、自分としては十分事前準備もしたし、情熱を込めて話をしているのに、なぜか3人は反対しているようだ。一体全体何が悪いんだろう」と話しながら大いにいぶかりました。

フタを開けてみたら何のことはありません。後で聞いてみると、インドのある地域の習慣では肯定のジェスチャーは首を横に振るのだということでした。「ワシャ、お前の話に感心しとるで。エエ話や」という賛同の意味だったのです。

これは1つの例にすぎませんが、「イエスは首をタテに振らなければならないんだ」と強要してもしかたがありません。「この地方のインド人はここが違う」と、違いは違いとして認め、その上で尊重（リスペクト）するという姿勢が求められるでしょう。

その昔、アメリカにちょっと行ってトイレに寄っただけのような「アメション」人間が、「アメリカでは、ニューヨークでは、ロサンゼルスでは……」と自慢気に言いふらしていたものです。これが「デハの守《かみ》」。一方、最近では変に自信たっぷりに、「アメリカに行ったけれど学ぶものは何もなかった」と憮然《ぶぜん》としている手合いもいます。これが、「ブゼンの守《かみ》」です。

デハの守もブゼンの守も、両者の違いを違いとしてバランス感覚を伴って客観的にとらえることができないという面では共通しています。真のグローバリストからはほど遠いローカリストと烙印を押さざるを得ません。

違いは違いとして許容することができたら、後は「必要に応じて相手に合わせる」ことが大切です。

地球がこれだけ狭くなってくると、日本人は好むと好まざるとにかかわらず、200カ国に及ぶ世界村の一員として生きていかなければなりません。中国の火力発電所の煤煙や工場の黄砂が日本を〝襲っている〟ことは周知の事実ですし、熱帯雨林の消滅が日本の材木輸入と絡めて日本攻撃につながっていたりしたこともありました。一国の動向が地球全体に与える影響は大きく、早くなりつつあります。ましてや、インターネットの時代は1つの国の情報が一瞬で世界中に流れます。

そんな中で、われわれだけは他国民とは異質（D　ディファレント　different）で、ユニーク（U　unique）、特別（S　スペシャル　special）で、独特（P　ペキュリアー　peculiar）なのだ、などという〝DUSP症候群〟の錯覚と傲慢は通用するはずもありません。仮に通用させようとすれば、一部のリビジョニストの論議の火に油を注いでしまうことになってしまいます。

したがって、これからの世界では、国際的な現状と極端にかけ離れている部分については、それが文化や習慣に関する面であっても、必要に応じて選択的にではありますが、相手に合わせるという努力も必要になってきます。

グローバル経営者の要件② コミュニケーション力を鍛える

❖コミュニケーションの重要性

グローバリストであるためには、高度のコミュニケーション能力が要求されます。コミュニケーションには広い意味がありますが、私は特に英語力とプレゼンテーション力を重視しています。

グローバリストに求められる条件などを話題にすると、えてして英語力を軽視するような態度を示す人がいます。

曰く「大切なのはコトバではなく内容だ」「英語は目的そのものとは違う。単なる手段であり、道具であり、武器である」「通訳を使えばいいじゃないか」……。

一見、もっともに聞こえますが、これらの意見にはちょっと無理があります。

大切な内容を伝えるのにコトバなくして、どうしたらいいのでしょうか。また、英語を武器と認めているのならば、キラリと光った切れ味のいい武器を持っている方がどう考えても好ましいに決まっています。通訳依存説については、いくつもの問題があります。そう簡単に優秀な通訳は見つかりませんし、一旦通訳という媒介を通じてコミュニケーションを図りはじめた瞬間から、自分の言いたいことのニュアンスとか肌合いといったものは確実に20％ぐらいは消えてしまいます。これが、私が40年以上グローバル企業で働いてきた実感なのです。

となると、せめて英語1つぐらいは不自由しない程度の力を自分の能力として身につけておきたいものです。楽天やユニクロのように公用語を英語にするというのは、明らかに〝行き過ぎ〟という感じもしますが。英語の勉強は語学ではなく、「現代ビジネスマンの常識語としての語術」の習得であると心のチャンネルを切り替えれば、ちょっとした努力を継続することによって英語ぐらいモノにできるハズです。最低の条件として、とりあえずＴＯＥＩＣ８５０点くらいはクリアしたいものです。次は９００点以上です。現にサムスンの課長昇格試験に合格する条件の1つはＴＯＥＩＣ９２０点だというのです。一方において、ソニーの場合は６５０点だとか。期待レベルの差の大きさに愕然とします。

❖コミュニケーションの3つのポイント

では、外国人とのコミュニケーションに当たってはどうしたらいいのでしょうか。

私がよく言っているのは、前述したようにコミュニケーションで一番大切でないことは、「自分が相手に何を言った、または何と言ったと自分が思っていること」です。逆に、唯一大切なことは、「実際に相手に何が伝わったかということ」です。

自分では伝えたと思っていても、実際に相手に正しく伝わっていなければ何にもなりません。要は何がどう伝わったかを重視したいということです。そのためには、相手に自分の言ったことが理解され受け止められやすいように、相手に波調を合わせることが決め手になります。

私の経験からアメリカ人を含む外国人に、こちらの考えをキチンと通じさせるためのポイントをまとめてみました。これは、欧米系ばかりでなくアジア系外国人や日系ブラジル人などとのコミュニケーションにも通用すると思います。

① 相手によっては、イエスかノーか、自か黒か、結論をハッキリと先に言うことも重要です。その上で背景や理由を説明します。起承転結の結から話を始めることです。

② なるべく具体的でわかりやすい表現を使います。相手には、こちらの論理のギャップや曖昧さを想像力で埋めて、善意で解釈してくれるような習慣はありません。こう考えておいた方が無難です。

③ ともかく発言することです。日本人の感覚では〝沈黙は金〟ですが、外国人を相手にしてい

るときには〝沈黙は禁〟と考えて接した方が無難です。言葉にして発信して初めて、相手はこちらの思っていることや考えていることを理解してくれるのです。

❖ 外見も重要だと心得よ

ビジネスの場で重要なのがプレゼンテーションです。中身さえよければプレゼンテーションは下手でもコミュニケーションはできるという考えもあります。私は、これは誤りだと思っています。

アメリカの心理学者アルバート・メラビアン（１９３９〜）が１９７１年に提唱した「メラビアンの法則」というものがあります。自分が他人に発表した後、他人が受ける感銘度、印象度に関するものです。

それによると、全体の中で話の内容が持つ印象度は、全体を１００にした場合、わずか７％に過ぎません。何が重要かというと、背広の形とか色、ネクタイの柄、その人の肩書き、体格、顔つき、身振り、話し方、声の質、イントネーション、口調、訛り……などです。案外、注意するだけで直せる部分が多いことにご注目ください。

つまり、何を伝えたいかという中身が重要なのはもちろんですが、「相手にどういう印象を持ってもらいたいのか」という演出（パフォーマンス）をすることによって、話の中身がよりインパクトを持って受け止められるということになります。相手に好印象を与えることで、自分の意図するところを好意的かつ的確に受け取ってもらえるのです。パフォーマンスというと、日本人はとかく悪いイメージでとらえがちですが、正しいパフォーマンスは好ましいことであり、必要なことなのです。

このことは経営者にとっては、多くのことを示唆しています。自分がプレゼンテーションに臨むときにはもちろんですが、社員と接するときにも役立ちます。どんな外見でどういう口調で話したら意図することを的確に受け取ってもらえるのかを、普段から考えておけば良好なコミュニケーションがとれるというわけです。

グローバル経営者の要件③　戦略力を培う

ソニー、パナソニック、シャープなど、かつては日本を代表するリーディングカンパニーとしてもてはやされた会社の多くがもがき苦しんでいます。一方、日立、東芝、ファーストリテイリングなどのようにマクロ経済状況が不況で円高が続く中でも比較的元気な会社があります。

後追い講釈をお許しいただけるのならば、これらの〝もがき組〟と〝元気組〟との最大の違いは何かというと、「戦略力の差」ということになります。

韓国、台湾、中国をはじめとするグローバル・コンペティターの動きを読み取れず、気がついたらシェアを奪われて業績不振に陥っていたということです。これは負け組企業の経営者にグローバル戦略力が欠如していたということが最大の原因です。

したがって、これからのグローバル経営者にはグローバルの視点で戦略を構築し大胆に実行に移すことができるという「グローバル戦略力」が強く求められます。その際、求められる能力には次の４つが挙げられます。

① 地球（グローブ）を1つの市場として、グローバルに考える構想力（コンセプチュアル・パワー）

② グローバル・ベースでの優先順位・プライオリティ（地域、事業、商品、顧客別）の明確な構築と発信

③ 従来のしきたりやしがらみに捉われずに現状打破に挑戦する勇気と決断力及び行動力

④ 描いたストーリー（戦略）を社員・部下に理解させ納得させ、実行に移させる発信能力

今後、着実な地盤沈下が予想されている日本の経済的地位を少しでも守るために、日本という国が最も必要としている最重要国家資源は、これまで述べた経営者の要件①〜③を備えたグローバル・リーダーです。同時に、日本に最も枯渇している国家資源がグローバル・リーダーなのです。

アメリカ経営から学べること

❖ 個性の尊重

私の視点から見た、いわゆるアメリカの経営の特長から学びたい点をいくつか紹介したいと思います。90％の〝共通点〟に対する10％の〝違う点〟の世界の話です。

真っ先に挙げたいのは、個性の尊重です。あくまでも〝一般的〟という前置き付きの話ですが、日本の経営の特徴は集団主義と言えます。金太郎飴です。たとえば稟議制度によるグループコンセンサス。起案者から社長に至るまで30個もハンコが押してあることがあります。

ある会社で、工場の拡張を計画に沿って行ったところうまくいきませんでした。ある部長は、「やはりうまくいかなかったじゃないか。私は最初から反対していた」と言って担当者をなじりました。

「でも部長。部長もハンコを押してくれたではないですか」

「よく見なさい。私は反対だったのだ。その証拠に、ハンコを斜めに押しているだろう。これは反対で首をかしげているということだ」

「……」

この部長は部長というより、「ブチョウホウ」と呼んだ方がいいかもしれません。

稟議制度というのは、もともとボトムアップで意見の通りをよくするために、若手社員が起案したものでもいい案ならばトップまで至るという発想から生まれたものです。しかし、事前の根回し重視など、だんだんと形骸化しているところも少なくはありません。もっとすっきりとしたいものです。

グループ主義の強みは確かにあります。しかし、そのためにペナルティも払っています。それは、個性、独創性、オリジナリティといった個人レベルでの強みを見事なまでに抹殺してしまうということです。

日本の経営者は集団主義に潜在的に包含されている強みは強みとして生かしながら、出るクイ（杭）がもう少し奨励されるような場所や機会、予算を社員に与えるべきでしょう。いまや、コンセンサス重視のみでものごとがうまくいく時代ではありません。もう少しハメを外したような個人の独創性が奨励される雰囲気が必要になってきます。

出るクイは打たれますが、出ないクイは腐るのです。出すぎたクイは打たれません。あなたの会社には腐ったクイはありませんか？　個性抹殺は後にクイ（悔い）を残すことになります。

❖ 経営陣の若返り

もう１つ私がアメリカの企業経営で感心しているのが若手経営陣の活躍です。日本の企業は程度の差はあるでしょうが、もう少し経営陣の若返りを図ってもいいのではないでしょうか。アメリカでは40歳代のＣＥＯや30歳代後半のＣＯＯは佃煮にするほど数多くいます。日本の会社のように取締役会の平均年齢が65歳というようなことはありません。

一方、「老害」という言葉があるように、「若害」という言葉もあります。経験不足、能力不足による害です。したがって、ただ若ければいいというわけではありません。老若の組み合わせを上手に図ることが必要です。日本の会社は総じてもう少し若手の登用を年功序列にこだわらずにやってもいいのではないでしょうか。この点はアメリカから学ぶべき点です。

古い日本語に「老若男女」とあります。多くの日本企業の場合、あまりにも「老男」が勝ちすぎています。もう少し「若女」を登用活用してもよいのではないかと思います。

❖ 論理の糸を通す

個人レベルでいえば、論理性をもっと重視したいものです。もっと日本人は理屈っぽくならなければなりません。

「わかってくれよ。オレに全部言わせるなよ」とか、「言わず、語らず」などという感覚は英語には希薄です。「そこをなんとか」とも言いません。そもそもそんな英語表現はありません。「腹と腹」とか「胸と胸」などという概念も日本人以外にはなかなか通用しないと考えていた方がいいでしょう。

是々非々で、一つひとつ、「ああすればこうなる」「こうすればこうなった」という起承転結を踏んだロジックの糸がキチンと通らないと話は通じません。この点が一般的に言うと日本人の弱いところです。

ビジネスの基本は数字の裏づけを伴った論理性を感情や情緒といったオブラートに包んだものであるべきです。日本人は論理に弱くて感性の世界に溺れる傾向にあります。そもそもディベートという習慣がありません。論理なしの感情のみという波長は外国人には通じません。日本人はもっと理屈っぽくなる必要があるのです。アメリカ人の友人から、「ミスター新、さっきからしゃべっているあの人（日本人）だが、彼は結局何を言いたいのかね？」とこぼされたことが何度もあります。

話し方には４段階があります。①トーク、②ディスカッション、③ディベート、④アーギュメントです。

トークは淡々とした話し合いの段階で、ディスカッションになると討論になります。そして、ディベートは白熱した議論で、それがさらに白熱して感情的になってくるとアーギュメントということになります。これは口論です。アメリカ人は、少なくともディベートの段階までの訓練を積んでいます。一方の日本人はせいぜいディスカッションどまり。下手をすると口論。これでは太刀打ちできるわけがありません。

議論とは一方通行のコミュニケーションではありません。行ったり来たりの理詰めの真剣勝負なのです。論理の糸が通っていないと、こちらの「意図」は伝わりません。これは何もアメリカ人を相手にしているときばかりではありません。他の国の人でも、若い社員とでも同じことです。そこで、普段から論理の糸を通して話をする習慣が必要になってきます。〝なぜ？〟〝なぜなら〟〝Why?〟〝Because〟の呼吸です。

現実の場面を見ると、これだけグローバリゼーションが進んでしまっている現在では、文化や習慣の違う外国人とのコミュニケーションを否応なくせざるを得ない場面が、いくらでも転がっています。

あえて言いたいのです。「日本の経営者よ、もっと理屈っぽくなれ」と。

❖ クオリティー・オブ・ライフはせいぜい二流

近年、私は日本だけでなく、アメリカ、中国、ヨーロッパなど、さまざまな国に研修や講演旅行に行く機会が増えています。多くの場合は、現地の経営者に対して、①勝ち残る経営の原理原則、②リーダーシップの本質、の2つのテーマについて話をしています。

私の講演の〝心〟は、①アメリカ的経営とか日本的経営などというものはない。あるのは良い（GOOD）経営と悪い（BAD）経営があるのみだという点と、②リーダーには先天要素と後天要素の2つがあるが、誰でも後天要素を磨くことにより、リーダーになることはできる、③スキル（仕事力）のみでは経営者やリーダーにはなり得ない。加えてマインド（人間力）が必要である、の3点です。

とりわけ、人間力の大切さを強調しています。グローバルビジネスであろうと、なかろうと、部下や社員から「あの人が言うのだからやってみよう」と思われるような信頼と尊敬を集めるようになってほしいと訴えています。

ところが、経営やリーダーシップの品質について、海外の講演では胸を張って語っていた私も、ひとたび日本に帰って、日本人の生活の質といった別な品質の話となると、とたんに自信がなくなります。

俗に、経済二流、政治三流などと言われますが、クオリティ・オブ・ライフという面は多くの先進国に比べれば、せいぜい二流どまりではないかと思われてなりません。ＧＤＰが伸び悩んでいる中でＧＤＨ（国民の幸福度）は足踏みどころか低下していると言ったら言いすぎでしょうか？

あとがき

「今日は、あなたの人生の残りの最初の日である」(Today is the first day of the rest of your life.) ――毎朝、目を覚ますと心に唱える私の好きな言葉です。もう1つ、私の好きな言葉は、〝人生、今日が初日〟。どちらも同じような意味です。

過去の実績や累積した遺産などは、それはそれで重要なものだと認めてはいますが、現状に問題意識を持ち、改善や改革の火を燃やして、「これからが、ゼロのスタートなんだ」という一種の「健全な飢餓感」を持ってスタートしようという気持ちを大切にしたいのです。

昭和34年に早稲田大学を（優秀な成績で!?）卒業して、シェル石油（現・昭和シェル石油）に入社、日本コカ・コーラ、そしてジョンソン・エンド・ジョンソンというエクセレント・カンパニーで仕事をするという貴重な体験をできたばかりか、32歳のときに立てた〝45歳で企業のトップになる〟という目標を達成できたのも、こうした「健全な飢餓感」を持続できたからではないかと思っています。スティーブ・ジョブズの言葉にある〝Stay hungry（飢餓感を持て）〟を地で行ったような感じがします。

そして、もう1つ。優れたメンター（人生の師）に恵まれたことです。

「幾何学の世界では、AとBの最短距離は直線だ。だが、ビジネスの世界では、最短距離が必ずしも直線とは限らないよ。山、谷、池、崖などがあって、直線では進めないときはむしろ曲線が正解かもしれないじゃないか……」

ある商談を手早くまとめようとアセリ気味だった30代の私に、その頃としては耳の痛い、しかし適切なアトバイスを同じセクションの先輩からもらいました。

「ナタになっても剃刀《かみそり》にはなるなよ。大きな仕事をするには、持久力を持ったナタになれよ」

時として理屈に走りすぎる気味のあった私に対する忠告に、心の中を爽やかな風がよぎったような気がしたものです。

父親には、「利害に関係なく、信用できる友人はおまえの最高の財産だ」とか、「何か人が注意してくれる間がハナだ。言われたことに反論や弁解をしていると、いずれ誰も何も言ってくれなくなってしまう。耳に痛い言葉はありがたく素直に聞けよ」などと小さいころから言われ続けてきました。血気盛んな若い頃にはそれほど切実には感じなかった言葉ですが、いま振り返ってみると、周囲のアドバイスがいかに今の自分に影響を与えてくれていたかが痛いほど実感できます。

父親のアドバイスが間接的に影響したのか、小説家の吉川英治（1892~1962）の「我以外皆我が師」という言葉が好きになりました。とかく我流・自己流に流れがちだった私が、多少なりとも丸くなったと友人から言われるようになったのは、年齢、経験、性別、国籍、業種、地位……などに関係なく、どんな人間からも学ぶところがあると心のスイッチを切り換えたお陰かもしれません。

皆我が師と考えている間に、いつの間にか私の人脈が拡がっていきました。しかも、昔からの友人（心から信じられる心友）をはじめ、経営者や東洋学の大家、禅僧、評論家など何人かのメンターにも恵まれています。これは何物にも代えられない私の貴重な財人と言えます。

まだまだ成長しなければならないという発展途上人をもって任じている私が、「勝ち残る経営の本質」という大それたテーマに取り組むことになりました。これまで実践してきた経営者としての私の成功体験・失敗体験を自分なりに整理して提供することにより、多くの経営者（及び経営者予備軍の方々）の参考に資することができれば嬉しいという気持ちが、この本を書いた原点です。文字どおり本文で述べた「モノ書き」「汗かき」「恥かき」の三かきの具現です。『論語』には、「賢者は愚者より学び、愚者は賢者より学ばず」とあります。経営者として自分と会社を〝グッド〟にしたい、その先には〝ビッグ〟にしたいという問題意欲を持って本書を紐解いた賢者であるあなたなら、1人の愚者にすぎない私の経験から何かを読み取って、学んでいただけるものと期待し、かつ祈念しています。
まずは参考にして、次には実行に移してください。その先には1人の経営者・リーダーとしてのあなたの輝かしい自己実現が待ち構えているはずです。

2012年6月吉日

新 将命

【著者紹介】

新 将命（あたらし・まさみ）

株式会社国際ビジネスブレイン　代表取締役社長

1936年生まれ。早稲田大学卒業。シェル石油、日本コカ・コーラ、ジョンソン・エンド・ジョンソン、フィリップスなどグローバル・エクセレント・カンパニー6社で40数年にわたり社長職を3社、副社長職を1社歴任。2003年から2011年3月まで住友商事株式会社のアドバイザリー・ボード・メンバーを務める。現在は、長年の経験と実績をもとに、国内外で「リーダー人財」および「グローバル人財」の育成に取り組んでいる。また、エグゼクティブ・メンターとして、経営者・経営者グループに対する経営指導・相談の役割を果たしている。実質的内容の希薄な虚論や空論とは異なり、実際に役立つ実論の提唱を眼目とした、独特の経営論・リーダーシップ論には定評がある。ユーモアあふれる独特の語り口は、経営者、経営幹部、次世代リーダーの間で絶大な人気を誇る。著書多数。近著に『伝説の外資トップが説く　リーダーの教科書』（武田ランダムハウスジャパン）、『経営の教科書　社長が押さえておくべき30の基礎科目』『伝説の外資トップが説く　働き方の教科書』（以上、ダイヤモンド社）、『負けない力　一流の仕事ができる人に共通する武器』（東洋経済新報社）などがある。

メールアドレス：　atarashi-m@sepia.plala.or.jp

伝説の外資トップが説く
勝ち残る経営の本質

2012年8月11日　初版発行

著　者　新 将命
発行者　野村直克
発行所　総合法令出版株式会社
〒107－0052　東京都港区赤坂1-9-15 日本自転車会館2号館7階
電話　03-3584-9821（代）
振替　00140-0-69059

印刷・製本　中央精版印刷株式会社

ISBN 978-4-86280-318-4

総合法令出版ホームページ　http://www.horei.com/

総合法令出版の好評既刊

中国ビジネス入門

すぐに役立つ
中国人とうまくつきあう実践テクニック
吉村章 著

日本人とは大きく異なる中国人の思考や行動様式を独自の視点で分析した上で、ビジネス上のトラブルを未然に防ぐためのさまざまなテクニックを伝授。中国人とのビジネスに携わる人なら必ず読んでおきたい「転ばぬ先の杖」。

定価(本体1300円+税)

知っておくと必ずビジネスに役立つ
中国人の面子
吉村章 著

「中国人とうまくつきあう実践テクニック」第2弾。今度は彼らの「面子」にフォーカス。面子を使って、信頼できる中国人とそうでない中国人を見極める方法や人間関係を深める方法など、ビジネスに役立つテクニックが満載。

定価(本体1300円+税)

すぐに使える
中国人との実践交渉術
吉村章 著

中国人との交渉の事前準備から、「主張→反論→攻防」という一連の流れに沿った形で、すぐに役立つ実践テクニックを多数掲載。また、通訳の使い方、中国人に契約を守らせる秘訣など、著者が長年の経験で培ってきた独自のノウハウも提供。

定価(本体1300円+税)